みなかみ18湯［上］

小暮 淳

上毛新聞社

みなかみ18湯
［上］

水上

群馬県を流れる川は、
一部をのぞいて、
ほとんどが利根川へと注ぐ。
全長３２２キロメートル、全国２位。
流域面積１万６８４０平方キロメートル、
全国１位。

この大河は、
群馬県と新潟県の県境にそびえる
大水上山（標高１８４０メートル）の
山頂部直下にある雪渓の一滴から始まる。

山は生命の源である水を生み、
川となり、岩を削り、
温泉を湧き与えてくれた。

猿ケ京

四季折々に表情を変える美しい湖。
しかし、ここには2つの温泉地が眠っている。
猿ケ京温泉の歴史は、赤谷湖の歴史。
2つの温泉地が1つになり、新たな歴史をつくった。
今でも渇水期になると、湖底より湯けむりを上げる、
かつての源泉の姿を見ることができるという。

【もくじ】*Contents*

みなかみ

みなかみ観光マップ

ようこそ 猿ヶ京温泉へ

みなかみ18湯［上］

水上温泉・猿ヶ京温泉

水上温泉

1. きむら苑
2. 水上館
3. 山楽荘
4. 松泉閣
5. 天野屋旅館
6. だいこく館
7. 米屋旅館
8. ひがきホテル
9. 去来荘
10. 水上ホテル聚楽
11. 松乃井

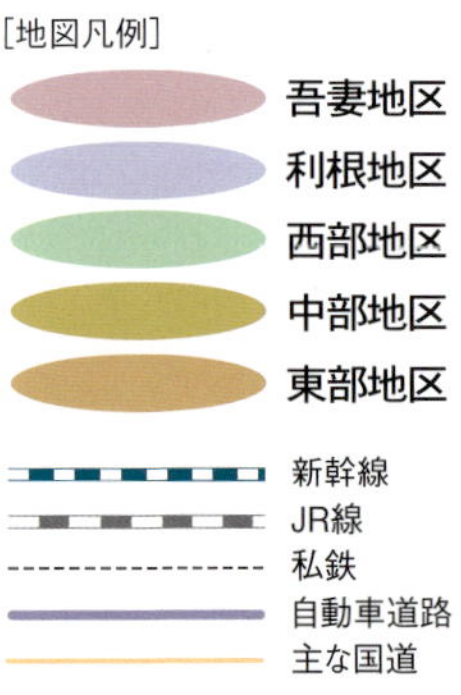

猿ヶ京温泉

- 12 ホテルシャトウ猿ヶ京 咲楽
- 13 高原ハウス
- 14 小野屋八景苑
- 15 野の花畑
- 16 ホテル湖城閣
- 17 温泉農家民宿 はしば
- 18 宮野旅館
- 19 仁田屋
- 20 ライフケア猿ヶ京
- 21 樋　口
- 22 猿ヶ京ホテル
- 23 本　伝
- 24 長生館
- 25 三河屋
- 26 旅籠屋 丸一
- 27 別館 万葉亭
- 28 ロッジガルニ
- 29 美國荘
- 30 生寿苑
- 31 旅籠 しんでん
- 32 温泉民宿 気楽や
- 33 スポーツ民宿 ふじや
- 34 吉　長

この本の使い方

◎エリアごとに色分けしてあります。（上が利根エリアのカラー、下が水上温泉、猿ヶ京温泉カラーです）

◎写真は宿の特徴、環境、雰囲気、お湯の状況を重視して掲載しました。

◎宿自慢は、宿が大切にしている物を主人の「思い」とともに掲載しました。

猿ヶ京温泉 21

湯上がりビールと四季折々の味わい

◆猿ヶ京温泉「樋口」

何はともあれ、宿に着いたら真っ先に風呂に入る。それもザブンと軽く入る。またあとで、ゆっくりと入ることにして、そそくさと浴衣に着替えて、ロビーで生ビールを注文する。

「間に合った！」

日没前の夕陽に染まる赤谷湖の美景を眺めながら、この一等地の指定席で飲むビールを8年間も待ちわびていたのである。あの日と同じ景色、同じ味わいに、身も心も解かれていくのがわかる。

「本当に、お久しぶりです。お元気でしたか？」と出迎えてくれた女将の樋口桂子さんの美貌もあの日のままだ。あまりにも変わっていないので、タイムスリップしたかのよう。

8年前、仕事の仲間数名で泊まった日のことを、夕闇に包まれる湖を見つめながら懐かしく思い出していた。

もちろん、樋口に来たら一番の楽しみは料理である。地元猿ヶ京温泉の寿司屋の息子として生まれたご主人の博計さんは、群馬・埼玉・千葉・茨城・東京・京都と12年間の板前修行を終えて、平成5年に旅館をオープンさせた。

「美味しい料理とは、喜んでいただける料理だと考えています。お客さまの要望に応えられる融通のきく料理を心掛けています」

お客の好き嫌いやアレルギーのある食材など、たった5部屋の小さな宿だからこそできる料理への対応には定評がある。オープン以来、口コミだけでなく、テレビや雑誌などでも、たびたび紹介されている人気旅館だ。

この日の献立は、「たくみの里カマンベールチーズと地鶏スモークのサラダ」の前菜から始まり、「赤城高原野菜と牛のお鍋」「じゅんさい茶碗蒸し」「上州麦豚角煮」と、どれも地元の食材を使った手の込んだ味わいに仕上がっていた。特に、さっぱりしたお出していただく角煮は、あの日と変わらぬ味で、嬉しさのあまり、ついつい酒が過ぎてしまった。

■源泉名：猿ヶ京温泉　村有1号泉　■湧出量：測定せず（動力揚湯）　■泉温：59.7℃　■泉質：カルシウム・ナトリウム－硫酸塩・塩化物温泉　■効能：動脈硬化症、切り傷、やけど、慢性皮膚病、慢性婦人病ほか　■温泉の利用形態：加水なし、加温あり、循環ろ過式

宿自慢

出刃包丁、相出刃包丁、柳歯包丁、フグ引き包丁、タコ引き包丁、ハモ引き包丁……料理旅館「樋口」の味を生み出す包丁の数々。18歳で修業に出た主人の命の次に大切な物。

猿ヶ京温泉 料理旅館 **樋口**
〒379-1403 群馬県利根郡みなかみ町猿ヶ京温泉1167　TEL.0278-66-1500　FAX.0278-66-1501
電車：上越新幹線、上毛高原駅またはＪＲ上越線、後閑駅からバス（約25～30分）で「関所跡」下車。徒歩約10分。
車：関越自動車道、月夜野ＩＣより約20分。
■客室：5部屋　■収容人数：25人　■内風呂：男１・女１（貸切可）　■宿泊料金：1泊2食 13,800円～

63

62

◎源泉名、湧出量、泉温、泉質、効能、温泉の利用形態を明記しています。

◎宿泊送迎ありの表記は、宿泊の方のみの送迎です。

◎宿泊料金は最低料金からの目安となっています。

※効能区分は代表的な効能を取り上げており、温泉施設により効能の詳細が違う場合があります。
ご利用の際は各宿にご確認ください。

※日帰り入浴の営業日・営業時間・料金などは、あらかじめ確認の上ご利用ください。
（宿の状況によりご利用になれない場合もあります）

※交通手段や時間はおよその目安です。また、扉などに掲載の地図はすべて略図ですので、正確な地図とは誤差があります。あらかじめご了承ください。

※この本の掲載内容は2012年8月現在のものです。

水上温泉

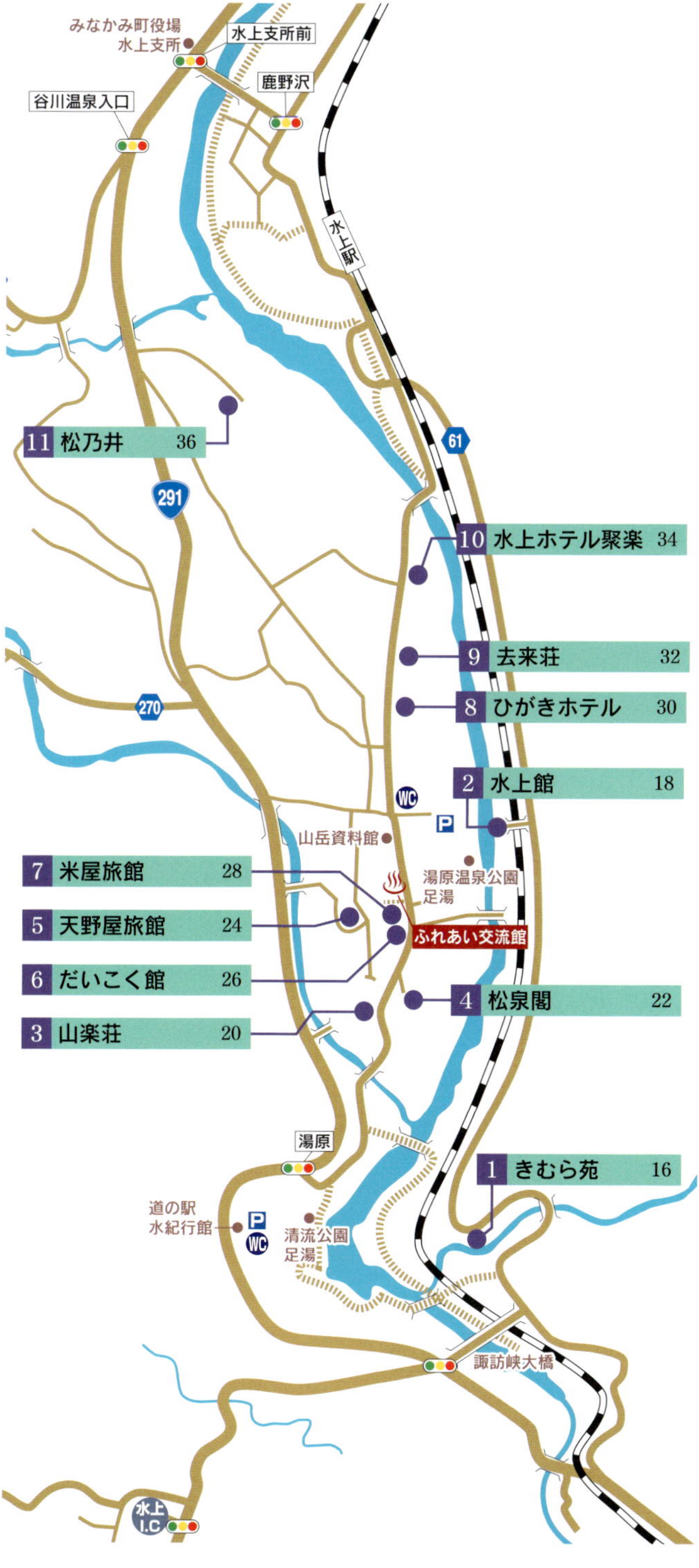

みなかみ町役場
水上支所
水上支所前
鹿野沢
谷川温泉入口
水上駅
11 松乃井 36
291
61
10 水上ホテル聚楽 34
9 去来荘 32
8 ひがきホテル 30
270
2 水上館 18
WC
P
山岳資料館
湯原温泉公園
足湯
7 米屋旅館 28
5 天野屋旅館 24
ふれあい交流館
6 だいこく館 26
4 松泉閣 22
3 山楽荘 20
湯原
1 きむら苑 16
道の駅
水紀行館
P
WC
清流公園
足湯
諏訪峡大橋
水上
I.C

水上温泉

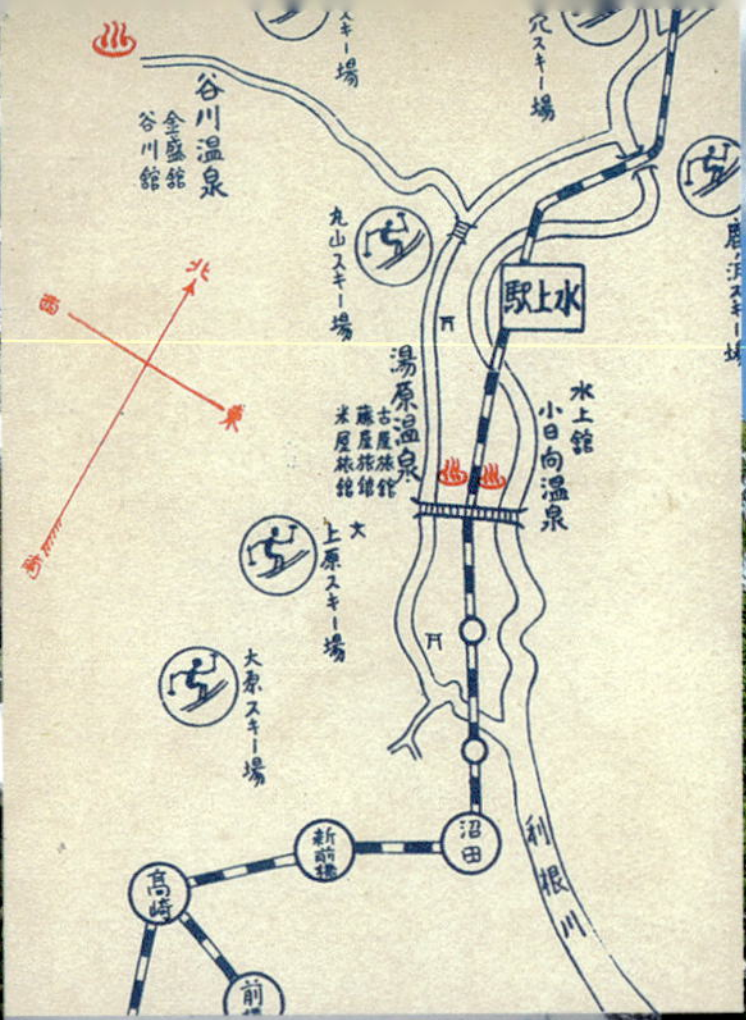

昭和初期の水上駅

湯原の湯から水上温泉へ

水上温泉は昔、「湯原《ゆばら》の湯」といわれた。明治22（1889）年に湯原村は、藤原村と夜後村を加えて水上村となり、昭和22（1947）年に町制が施行されて水上町となった。さらに平成の大合併により、月夜野町と新治村とを併せて「みなかみ町」と呼ばれるようになったが、水上温泉と言った場合は今でも旧「湯原の湯」のことをさす。

水上温泉が今日のように、群馬県を代表される温泉地として知られるようになった最大の要因は、上越線の開通により他に例を見ないほどの発展を遂げたからである。

昭和初期の水上温泉

昭和3（1928）年10月に水上駅までが開通。それまで湯原には2、3軒の旅館しかなかったが、これを機に東京方面からの浴客が増え急速に発展し、いつしか「湯原の湯」は水上温泉と呼ばれるようになった。やがて群馬県と新潟県を結ぶ東洋一の清水トンネル（9702m）が完成し、昭和6年9月に上越線が全面開通すると続々と旅館が建てられ、草津温泉や伊香保温泉と肩を並べる大温泉地へと変貌した。

湯の道を作った海翁和尚

「湯原の湯」の発見には、こんな伝説がある。

永禄年間（1558〜1570）のこと。建明寺という寺に、海翁という和尚がいた。海翁はある秋の日、利根川沿いの崖から白い湯煙が上がるのを見つけた。怪しんでよく見ると、崖の中腹に洞窟があり、そこから熱湯がこんこんと湧き出していた。「温泉だ。ありがたや」と喜んだ海翁は、この恵みの湯を村人たちのために生かそうと考えた。

しかし崖の中腹から、どうやって地上へ湯を上げるかである。村人を集め、粘土で湯の道を作ってみたが、何度くり返しても失敗してしまう。「もはや、仏の加護にすがるしかない」と、小石の一つ一つに経文の文字を書いて、その小石を粘土の中に入れて積み上げた。すると湯は、まっすぐに崖を上っていったという。

村人たちは喜び、それまで茨《いばら》原村と名のっていたこの村を、湯原村と呼ぶようになったとのことである。

水上に秘湯あり、天狗が舞い降りた伝説の湯

水上温泉「きむら苑《えん》」

温泉街から離れた利根川の対岸。小《お》日向《びなた》川の渓流ほとりに、ポツンと一軒だけ宿がたたずんでいる。

木村家は代々、この地で農業を営んできた。ある日のこと、現主人の木村光一さんの父、盛三郎さんの夢枕に、たて続けに3日間、弘法大師が立ち、温泉を掘り当てるよう告げたという。その場所は、真冬でも雪解けが早く、以前から不思議に思っていたところだった。しかし掘削は失敗に終わってしまった。家族やまわりの者たちが反対するものの、盛三郎さんの信念は固かった。

「日本全国あまたの温泉発見伝説を持つ弘法大師のお告げに間違いはない」と再度掘削を試みた。すると毎分約230

リットル、約40度の温泉が湧き出した。お告げから5年後のことである。

「跳び上がって喜んでいた親父の顔が、今でも忘れられません」と、光一さんが当時の様子を話してくれた。源泉の湧いた土地の名は、小日向字天《てん》狗《く》下。その昔、奥山から天狗が下りて来たとの伝説が残っている。盛三郎さんは、迷わず源泉名を「天狗の湯」と命名。3年後の昭和55年に、江戸時代から続く土蔵や木造建築の母屋を改築して旅館を始めた。

なんと言っても、ここの自慢は野趣に富んだ広大な露天風呂だ。浴衣に着替え、中庭を抜けて、木橋を渡る。瀬音を聴きながら、暖簾《のれん》をくぐると視界に飛び込んでくる湯けむりと絶景の渓流美。源泉の温度そのままのかけ流しなので湯はぬるめだが、そのぶん長湯が楽しめる。かすかに香る硫黄《いおう》の匂いが、なんとも安らぎを覚える。ふと、もしかしたら天狗が弘法大師に姿を変えて、現れたのかもしれないと思った。

■源泉名：水上温泉　天狗の湯 ■湧出量：230ℓ／分(動力揚湯) ■泉温：39.5℃ ■泉質：カルシウム・ナトリウム－硫酸塩温泉 ■効能：慢性消化器病、切り傷、やけど、動脈硬化症、痔疾、冷え性ほか ■温泉の利用形態：加水なし、加温なし(内風呂は季節により加温あり)、完全放流式

宿自慢

昭和55年の創業時に建立された元内閣総理大臣、福田赳夫先生直筆による記念碑。「天狗の湯　木村盛三郎翁」と刻まれている。

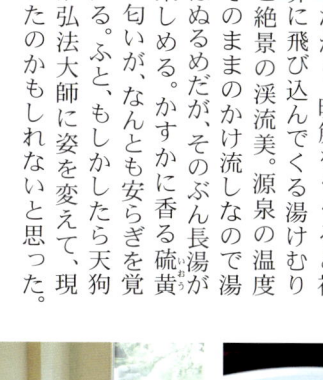

水上温泉　天狗の湯 きむら苑

〒379-1612　群馬県利根郡みなかみ町小日向326
TEL.0278-72-5851　FAX.0278-72-2164

電車：上越新幹線、上毛高原駅からバス(約30)で「水上駅」下車(日に数便「きむら苑」までのデマンドバスあり)。またはJR上越線、水上駅下車。徒歩約30分。タクシー約5分。
車：関越自動車道、水上ICより約5分。

■客室：8部屋 ■収容人数：32人 ■内風呂：男1・女1 ■露天風呂：混浴1(女性時間あり) ■宿泊料金：1泊2食 13,800円～ ■日帰り入浴：可

心と心が通い合う"絆"でありたい

◆水上温泉「水《みな》上《かみ》館《かん》」

国道から離れ、利根川左岸沿いの県道を行く。ここは小《お》日向《びなた》地区。この日、私は約20年ぶりに、この道を走った。かつてタウン誌の編集をしていた頃に、スポンサーだった水上館へは毎月、配本に通っていた道のりだった。

「そうでしたか、懐かしいですね。とっても温かい、いい雑誌でしたよね」そう、3代目主人の木村嘉男さんに言葉を返され、ジーンと胸の奥から熱いものが込み上げてきた。雑誌の名前を覚えていてくださっただけでもありがたいのに、表紙のデザインや内容についても覚えていてくださり、時が経つのも忘れて思い出話に花が咲いてしまった。

ロビーに入るなり、手に取

った冊子があった。「水上だより」という宿泊客から寄せられた俳句や短歌、川柳を集めた作品集である。

「お客さまが水上温泉に来られた思い出を何か形に残せないかと、12年前から始めたんです。毎年、6月に発刊しています」

ペラリ、ペラリとめくりながら目で追うと、いくつもの旅の思い出が記されていた。

〈いくたびと宿かさねし水上館　あの人この人逢える喜び〉

「この数年で、クラス会や同窓会、友人たちの小グループで利用される人たちが多くなりましたね。震災後は特に、絆を深めに家族で訪れるお客さまが増えました」

〈再びの…還暦の旅奥利根湯〉

俳句や短歌を読むと、何度も訪れているリピーターが多いことに気づく。ご主人の語った「人の心と心が通い合う絆の宿でありたい」という思いが、こうして何冊もの歌集という形となって人々の心に届き、ひいては「いくたびと」「再びの」宿へやって来るのだろう。

さて、私も湯上がりに、一句詠んでみることにしようか。

■源泉名：水上温泉　旧湯　■湧出量：700ℓ／分（動力揚湯）　■泉温：46.2℃　■泉質：カルシウム・ナトリウム－硫酸塩・塩化物温泉　■効能：神経痛、筋肉痛、関節痛、運動まひ、慢性皮膚病ほか　■温泉の利用形態：加水あり、加温あり、放流・循環ろ過併用

宿自慢

自分自身、家族、友人へ手紙を書くと、5年後の元日に配達される「カプセルレター」。昭和17年製造の郵便ポストが、なんともレトロで可愛らしい。

水上温泉　水上館

〒379-1612　群馬県利根郡みなかみ町小日向573
TEL.0278-72-3221　FAX.0278-72-3229

電車：JR上越線、水上駅下車。宿泊送迎あり。
車：関越自動車道、水上ICより約8分。

■客室：94部屋　■収容人数：450人
■内風呂：男1・女1・入替1　■露天風呂：男1・女1
■貸切風呂：3　■宿泊料金：1泊2食　12,000円～
■日帰り入浴：可

小さな宿ならではの人情あふれるもてなし

◆水上温泉「山《さん》楽《らく》荘《そう》」

ふれあい通りを湯原温泉街から国道へ向かって坂道を下ると、右手に灯《あか》りがともる純和風の旅館が見える。大きなマンションに囲まれながら、ひっそりと佇む小さな宿だか、それゆえ旅情をかきたてられる。

「昔はここからも谷川岳やまわりの山々が望めたんですよ。バブルの置き土産ですよ」と支配人の田中昇三さんは、宿の両隣にそびえる大きなビルを指さして笑った。

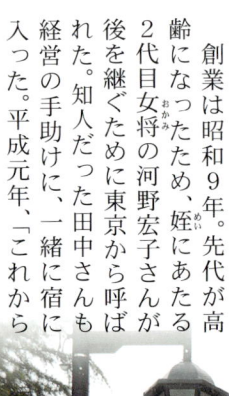

創業は昭和9年。先代が高齢になったため、姪《めい》にあたる2代目女将《おかみ》の河野宏子さんが後を継ぐために東京から呼ばれた。知人だった田中さんも経営の手助けに、一緒に宿に入った。平成元年、「これから

はファミリーが車でやって来る時代」と、部屋数を減らし、駐車場や売店、喫茶室を造り、全面改築をしてリニューアルオープンした。

あれから23年。当時は30軒近くあった旅館も、現在は半分になってしまった。「今までやってこれたのは、お客さんに愛されてきたからです。水上温泉に来るのではなく、うちに来ることが目的のお客さんもいらっしゃるので」と温泉街の盛衰と重ね合わせながら、宿の歴史を語り出した。

「よく従業員に言うんですよ。同じ金額なら、こんなロケーションの悪いうちなんかには泊まらないだろう？って。でも毎月泊まりに来てくれる常連さんが何組もいらっしゃるんですよ。だから一番大事なことは、真心こめて接客することなんだと」

支配人の言うとおり、確かに景観はあまり良いとはと言えない宿ではある。でも、そのぶん、一度来たら通いたくなってしまう温かさが宿にも人にも感じられるのだ。「こんな世の中だからこそ、一期一会の出会いと人とのふれあいを大切にしたい」そう言った支配人の言葉が、温泉のぬくもりとともに湯舟の中で心にしみてきた。

■源泉名：水上温泉 旧湯 ■湧出量：700ℓ／分(動力揚湯) ■泉温：46.2℃ ■泉質：カルシウム・ナトリウム－硫酸塩・塩化物温泉 ■効能：神経痛、関節痛、筋肉痛、五十肩、慢性消化器病、慢性婦人病ほか ■温泉の利用形態：加水なし、季節により加温あり、放流・循環併用

宿自慢

平成元年のリニューアルオープンと同時に訪れた中国人のお客さんが贈呈してくれた水墨画。勢い良く描かれた竹の絵が、玄関ロビーで客人を出迎える。

水上温泉　山楽荘

〒379-1617　群馬県利根郡みなかみ町湯原788
TEL.0278-72-6203　FAX.0278-72-6204

電車：上越新幹線、上毛高原駅からバス（約15分）で「小学校下」下車。徒歩約3分。またはJR上越線、水上駅下車。宿泊送迎あり。
車：関越自動車道、水上ICより約5分。

■客室：14部屋 ■収容人数：54人
■内風呂：男1・女1 ■宿泊料金：1泊2食 9,000円～
■日帰り入浴：可

女将の思いにあふれた和みの宿

◆水上温泉「松《しょう》泉《せん》閣《かく》」

温泉街から細道を上ると、あたかも料亭のような佇まいを見せて、純和風の建物が現れた。数日前に雪が降ったのだろう。門扉の隣で松の枝葉が、まだ綿帽子をのせている。

『松月浮清泉』

そう書かれた暖簾《のれん》が、旅人を出迎える。

「清らかな泉に松月を映すような心で、おもてなしをさせていただきたい」という願いを表している。その流麗な書は、福井県永平寺の住職によるものだという。

「家族でやっている小さな宿ですから、大きな旅館やホテルではできない、きめ細やかな温かみのあるサービスを心がけています」と、2代目主人

の須藤昭一さん。

創業は昭和26年。同56年から板前として宿に入り、女将《おかみ》の初枝さんと結婚。以後、二人三脚で先代から受け継いだ和の心を大切にしてきた。

10年ほど前に、宴会場を改装して個室を作り、2部屋を1部屋にして部屋数も減らした。「宴会客の時代は終わった。これからは個人が、ゆっくりと温泉を楽しむ時代が来る」と、常に客のニーズを先読みすることを忘れない。露天風呂や貸切風呂を造ったのも、水上温泉で一番最初だった。

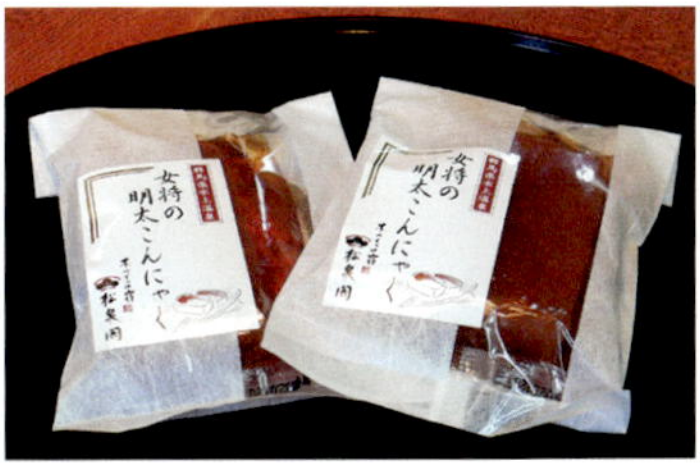

ギャラリー「女将の間」の前に"お姫様体験"と書かれたポスターが貼ってあった。

「お姫様体験?」といぶかる私に、「女将の趣味ですよ。内掛けを着て、時代劇のお姫様になった気分で写真撮影をするんです。これを目当てに宿泊される女性客も多いんですよ」と主人。なんでも、女将は大変なアイデアウーマンらしく、「女将の明太こんにゃく」などオリジナル商品の開発も手がけている。

「女性にやさしい宿でありたい」という、女将の思いにあふれた宿である。

■源泉名:水上温泉 旧湯 ■湧出量:700ℓ/分(動力揚湯) ■泉温:46.2℃ ■泉質:カルシウム・ナトリウムー硫酸塩・塩化物温泉 ■効能:神経痛、筋肉痛、関節痛、五十肩、冷え性、慢性消化器病ほか
■温泉の利用形態:加水なし、季節により加温あり、完全放流式(露天風呂は循環併用)

宿自慢

絵柄の美しさに惚れ込んで、先代女将が集めた色とりどりの華麗な内掛けが飾られている。その数は約80着! 着付けをして、写真を撮ることもできる。

水上温泉　松泉閣

〒379-1617　群馬県利根郡みなかみ町湯原740
TEL.0278-72-3288　FAX.0278-72-3178

電車:JR上越線、水上駅から徒歩約15分。
車:関越自動車道、水上ICより約7分。

■客室:12部屋 ■収容人数:32人
■内風呂:男1・女1 ■露天風呂:男1・女1
■貸切風呂:1 ■宿泊料金:1泊2食　18,000円〜

路地裏に昭和が香る 昔ながらの温泉旅館

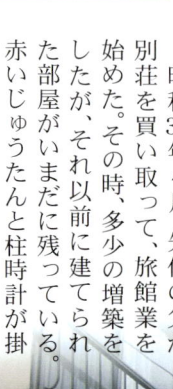

◆水上温泉「天《あま》野《の》屋《や》旅館」

傘をさそうかどうか、迷うほどの小さな雨だった。ひなびた温泉街の角を曲がると、細い路地が下っている。ゆるやかな坂道の両側には、うどん屋、そば屋、居酒屋が軒を並べている。天野屋旅館は、路地の奥で、ひっそりと看板を上げていた。

「うちなんて、撮るものも、話すことも何もないよ。でも、お客はみんな、お湯を褒めて帰るよ」と、気さくな笑顔で迎えてくれた2代目主人の西山國弘さん。

昭和34年4月、先代の父が別荘を買い取って、旅館業を始めた。その時、多少の増築をしたが、それ以前に建てられた部屋がいまだに残っている。赤いじゅうたんと柱時計が掛

■源泉名：水上温泉 旧湯 ■湧出量：700ℓ／分（動力揚湯） ■泉温：46.2℃ ■泉質：カルシウム・ナトリウム－硫酸塩・塩化物温泉 ■効能：神経痛、筋肉痛、関節痛、運動まひ、慢性消化器病ほか ■温泉の利用形態：加水なし、季節により加温あり、完全放流式

かる玄関ロビーから、パイプの手すりが懐かしい階段を上がって2階へ。通された部屋は、まさに古き良き昭和の香りに包まれていた。

欄間の残る鴨居《かもい》や雪見障子、さりげなく置かれた鏡台が、何十年という時を経ても変わらぬ風情で旅人を見つめている。ふと、部屋の片隅に目が止まった。最近はめっきり見かけなくなった衣桁《いこう》が置かれていた。衣桁とは、鳥居の形をした衣紋掛けである。それが２つ、蝶番《ちょうつがい》でつながれた衣桁屏風《びょうぶ》だった。塗りといい、絵柄といい、大切に使われてきたことが分かる。

古い宿といえば、それまでだが、奇をてらっていない古さが心地よいのだ。それは浴室もしかり。「大きくしようと思ったこともあるが、湯の量を考えれば、これが限界だった」という昔ながらのタイル張りの浴槽からは、惜しみなく源泉がかけ流されている。

いよいよ、雨が本降りになったようだ。湯上がりに、部屋の窓から見下ろす濡れた路地裏が、なんとも言えぬ旅愁に満ちていた。

宿自慢

昭和34年の創業時、先代の友人から贈られたヤマドリのつがいの剥製《はくせい》。以来、半世紀以上もの年月、ロビーで客人を出迎え、見送りつづけている。

水上温泉　天野屋旅館

〒379-1617　群馬県利根郡みなかみ町湯原804
TEL.0278-72-2307　FAX.0278-72-2308

電車：上越新幹線、上毛高原駅からバス（約20分）で「水上温泉」下車。徒歩約2分。またはJR上越線、水上駅下車。徒歩約14分。
車：関越自動車道、水上ICより約7分。

■客室：12部屋　■収容人数：45人
■内風呂：男1・女1　■宿泊料金：1泊2食 8,500円～
■日帰り入浴：可

大好きなペットと一緒に泊まれる温泉宿

◇水上温泉「だいこく館《かん》」

玄関前に足湯があるのかと思い近づくと、柴犬が気持ち良さそうに入浴中。ペット専用の露天風呂だった。かと思えば、ロビーではゴールデンレトリバーのラブちゃん(メス、12歳)とシベリアンハスキーと柴犬のハーフというカクくん(オス、12歳)が、仲良く座ってお出迎えである。

「この子(ラブちゃん)は、うちの宣伝部長なのよ」と女将《おかみ》の三宅良子さんが言えば、「すべては、このラブとの出合いから始まりました」と4代目主人の鈴木幸久さんが歴史を語り始めた。

昭和7年、初代の曽祖父が旅館「大国館」を開業。それ以前は同6年の上越線開通にともない、工事関係者の民泊を

■源泉名：水上温泉 旧湯 ■湧出量：700ℓ／分（動力揚湯） ■泉温：46.2℃ ■泉質：カルシウム・ナトリウム－硫酸塩・塩化物温泉 ■効能：神経痛、筋肉痛、関節痛、五十肩、慢性消化器病、動脈硬化症ほか ■温泉の利用形態：加水なし、季節により加温あり、放流・循環併用（露天風呂は完全放流式）

していたという。今から12年前のこと。犬好きの女将の誕生日祝いに、主人が一匹の子犬をプレゼントした。それがラブちゃんだった。

「清流公園（諏訪峡沿い）で同じように大型犬と散歩している旅行者と出会ったんです。その人は『水上温泉は好きでよく来るんだけど、ペットと泊まれる宿がない。特に大型犬は敬遠されるので、温泉に泊まるのはあきらめています』と言ったんです。同じ犬を愛する者同士、痛いほど気持ちが分かりました。だったら、うちがペットと泊まれる宿になろうって始めたのが、きっかけでした」

最初は2階の3部屋だけをペット専用に開放した。ところが、いつも満室になるため3階、4階と年々増やしていったところ、ついに3年前、6階までの全室をペットと泊まれる部屋に改築してしまった。「うちはペットなら何でもＯＫ！ 小動物から大型犬まで何匹でも一緒に同じ部屋で宿泊できます。ワンちゃんの初めての旅行に、一度ご利用ください」とペット旅行の初心者を歓迎している。飼い主が一番心配な、部屋を汚したり物を壊してしまった場合の弁償が一切ないというのも、ありがたい。これなら安心して、我が家のダメ犬でも泊まれそうである。

宿自慢

ラブちゃんがやって来た翌年の女将の誕生日に、主人がプレゼントした陶器でできたゴールデンレトリバーの置物。ラブちゃん同様、ロビーで客を出迎えている。

水上温泉 ペットと泊まれる温泉宿 だいこく館

〒379-1617 群馬県利根郡みなかみ町湯原795
TEL.0278-72-3278 FAX.0278-72-3251

電車：J上越新幹線、上毛高原駅またはJR上越線、水上駅下車。送迎あり。
車：関越自動車道、水上ICより約5分。

■客室：18部屋 ■収容人数：72人 ■内風呂：男1・女1 ■貸切露天風呂：1 ■ペット専用露天風呂：1 ■宿泊料金：10,500円～（ペット1匹 1,500円） ■日帰り入浴：可（ペット可）

温泉街の歴史を見つづけてきた老舗旅館

◆水上温泉「米屋旅館《こめやりょかん》」

温泉街の中心で、今も昔と変わらない木造3階建ての純和風旅館が、観光客の往来を見つづけている。水上温泉で最も古い老舗旅館である。

「先日、子どもの頃に学童疎開で滞在していたことがあるというお客さんが訪ねていらっしゃいました。戦後になって2度ほど増改築をしているのですが、雰囲気はあの頃のままだと、大変懐かしがられておられました」と4代目主人の伊藤順太郎さんは、昔の資料や写真を広げた。

明治時代の初めに、初代の伊藤萬次郎氏により創業。それ以前は、現在の源泉湧出地

の脇で、湯治客相手の湯小屋を開いていたという。"米屋"という屋号には、初代の並々ならぬ思い入れがあったようだ。

「まだ日本が貧しかった時代のこと。日本人の主食である米を、お客さんには腹いっぱい食べさせてあげたいという思いから名付けたと聞いています」

順太郎さんは、それまで勤めていた営林署を辞めて、昭和28（１９５３）年に旅館を継いだ。当時は奥利根のダム建設が盛んだった頃で、工事関係者や観光客らで温泉街も人でごった返していたという。「朝、客が帰ると、もう次の客が玄関で待っていた。掃除をする時間もないくらいに忙しかったね。水上温泉も新幹線の開通以降、大きく変わったよ」と時代を振り返る。

湯をもらいに、廊下を歩き出すと「ピンポン室」と書かれた部屋を見つけた。覗《のぞ》き込むと昔はどこの旅館にでも置かれていた深緑色した重厚な卓球台が1台、歴史の生き証人のようにジッと静かにたたずんでいた。まるで時が止まってしまったようだ。古き良き温泉旅館の姿が、ここにはある。

■源泉名：水上温泉　旧湯　■湧出量：700ℓ／分（動力揚湯）■泉温：46.2℃　■泉質：カルシウム・ナトリウム－硫酸塩・塩化物温泉　■効能：神経痛、筋肉痛、関節痛、五十肩、やけど、切り傷ほか　■温泉の利用形態：加水なし、季節により加温あり、循環ろ過

宿自慢

大正時代後期から昭和初期頃の米屋旅館の写真。奥に木造3階建ての旅館があり、道路に面した１階は、みやげ物屋に店舗として貸していた。

水上温泉　山月楼 米屋旅館

〒379-1617 群馬県利根郡みなかみ町湯原800
TEL.0278-72-2367　FAX.0278-72-2368
※電話がつながらない場合には、TEL.0278-72-2611（水上温泉旅館協同組合）までご連絡ください。

電車：JR上越線、水上駅下車。徒歩約15分。
車：関越自動車道、水上ICより約7分。

■客室：19部屋　■収容人数：60人
■内風呂：男1・女1　■宿泊料金：1泊2食 7,000円～
■日帰り入浴：可

日帰り入浴、休憩、ひとり旅ＯＫ！

水上温泉「ひがきホテル」

隆盛期を知る者にとって、今の温泉街は隔世の感を見るが、これは長い温泉地の歴史の中の過渡期なのだと思う。なぜならば温泉街も変化するが、経営者たちも代替わりをして確実に変化しているからだ。

「温泉って、楽しいところでしょう！　だから、うちに来たらハメをはずしてほしいんですよ。バカ騒ぎ、大いに結構！　それが思い出になりますから」と、歯切れのよい言葉で快活に話す4代目主人の日垣雄亮さん。未来の水上を背負って立つ、若き経営者だ。

創業は昭和27（1952）年。兵庫県尼崎市出身の曽祖父が、魚の行商で来県した際に、世

話人から当地を紹介され「ひがき旅館」を開業した。今年で、ちょうど満60周年を迎える。

「私は高校から東京へ出ていましたから、水上の姿は子どもの頃しか見ていません。当然、隆盛を放っていた昔の水上のことも、生まれる前なのでよくは知りません。だから今は、昔を知る人たちの話をもっともっと聞きたいんです」

日垣さんは7年前に会社員を辞めて、生まれ育った水上に帰って来た。4世代の大家族で育った子ども時代の記憶をたどり、古き良き温泉街の歴史をひも解きながら、新たな水上温泉の未来を模索している。

日帰り入浴や休憩のみの客を積極的に受け入れているのも、かつての水上ではあまり見られなかった姿だ。客層はファミリーやグループでの宿泊が中心だが、ここにきて異変が起きている。それは女性の一人旅の増加である。

「働き盛りの40歳代の女性。それも都会から一人で泊まりに来る方のリピーター率が非常に高いんです」という。仕事のストレス解消にやって来るのだろう。交通の便が良い温泉地ならではの新しい旅のスタイルである。

■源泉名：水上温泉　旧湯　■湧出量：700ℓ／分（動力揚湯）■泉温：46.2℃ ■泉質：カルシウム・ナトリウム－硫酸塩・塩化物温泉　■効能：神経痛、筋肉痛、関節痛、五十肩、慢性消化器病、冷え性ほか　■温泉の利用形態：加水あり、加温あり、放流一部循環併用

宿自慢

3代目女将の出身、富山の伝統工芸品「井波彫刻」の獅子頭。平成7年の南館オープン時に祖父から送られた縁起物で、同ホテルの守り神となっている。

水上温泉　ひがきホテル

〒379-1617　群馬県利根郡みなかみ町湯原701
TEL.0278-72-2552　FAX.0278-72-2560

電車：上越新幹線、上毛高原駅からバス（約20分）で「水上駅」下車。またはJR上越線、水上駅下車。徒歩約15分。宿泊送迎あり。
車：関越自動車道、水上ICより約5分。
■客室：84部屋　■収容人数：450人　■内風呂：男2・女3　■露天風呂：男１・女・1　■宿泊料金：１泊２食8,550円～　■日帰り入浴：可

来る人に安らぎを、去る人に思い出を

◆水上温泉「去《きょ》来《らい》荘《そう》」

水上温泉を訪れるたびに気になっていた施設だった。「去来」という名前に、そこはかとない郷愁を感じる。ここは公立学校共済組合水上保養所である。

　昭和28年（1953）8月、教職員の福利厚生施設として木造2階建てで開所。その後、同58年に現在の建物に全面改築された。

「私は改築の前年に、調理長として配属されました。現在でも兼務しています」と支配人の今泉三郎さん。

　さっそく施設名について聞いてみた。

■源泉名：水上温泉　旧湯　■湧出量：700ℓ／分（動力揚湯、掘削自噴）　■泉温：46.2℃　■泉質：カルシウム・ナトリウム－硫酸塩・塩化物温泉　■効能：神経痛、筋肉痛、関節痛、五十肩、運動まひ、慢性婦人病ほか　■温泉の利用形態：湯量低下時のみ加水あり、加温あり、放流・循環併用

宿自慢

群馬県安中市出身の漢字書家、徳野大空氏の「一去一来」が大広間に掲げてある。今なお、お弟子さんたちが宿泊を兼ねて見学にやって来る。

水上温泉 公立共済やすらぎの宿 去来荘

〒379-1617　群馬県利根郡みなかみ町湯原684
TEL.0278-72-6311　FAX.0278-72-6313

電車：上越新幹線、上毛高原駅からバス（約20）で「水上温泉」下車。徒歩約7分。またはJR上越線、水上駅下車。徒歩約12分。
車：関越自動車道、水上ICより約7分。

■客室：22部屋　■収容人数：89人　■内風呂：男1・女1　■宿泊料金：1泊2食 組合員 8,466円～　一般 9,274円～　■日帰り入浴：可

すると、開設にあたり保養所の名称を群馬県内の組合員から募集した結果、「去来荘」に決定したとのことだ。命名の理由は、やはり「帰りなんいざ、田園将《まさ》に蕪《ぶ》せんとす……」で始まる中国・宋の詩人、陶淵明の漢詩「帰去来の辞」に由来していた。創業以来、この言葉にあやかり「来る人に本当のやすらぎを、去る人に豊かな思い出を」をモットーに支配人以下5人の職員が一丸となって運営にあたっている。

「組合員のみならず、もちろん一般の方でも安心してご利用いただけます。当施設は保養所ですから、堅苦しくない温かい家庭的な雰囲気でお迎えしています。〝安全でおいしい料理を笑顔で提供〟がモットーです」と、ぬか漬けの野菜を出してくれた。就任以来約30年間、調理長でもある支配人自らがぬか床を足しながら漬けてきた伝統の味だ。手作りのこの味を求めて、何十年と通ってくる常連も多い。

浴室の脱衣所に、大きな魚拓が飾られていた。「ときどき宿の前で釣りをするんですよ」45センチ、940グラムの巨大なイワナを釣り上げたのは支配人本人だった。私もこんな大物を一度は釣り上げてみたいものだと、湯舟からしげしげと渓流を見下ろした。

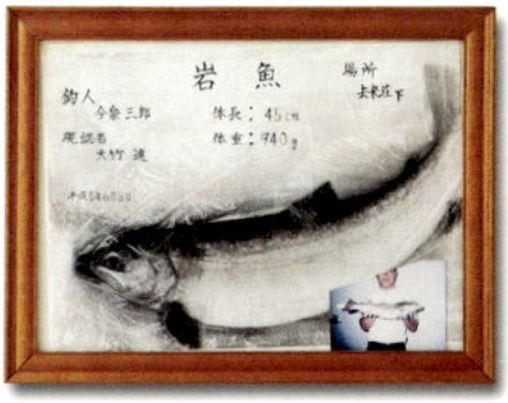

焼きたてパンと湯の香ただよう

◆水上温泉「水上ホテル聚《じゅ》楽《らく》」

「聚楽」という難しい漢字を当時の子どもたちは、みんな読めていた。昭和44年にテレビCMで、マリリン・モンローのそっくりさんが「じゅらくよ〜！」と言った悩殺ポーズが流行語となったからだ。そんな聚楽は〝大人の世界〟であり、いつしか行ってみたい憧れのホテルとなっていた。

大正13年、東京・神田に「簡易食堂　須田町食堂」を開業。これが現在の聚楽チェーンの始まりである。昭和37年、ホテル聚楽の第1号としてオープンしたのが、ここ水上温泉だった。日本の近代リゾートホテルのさきがけとなった。

「うちが全国のリゾートホテルの中で、最初に本格的な朝食と夕食のバイキングを始めたんですよ」と総支配人の松

■源泉名：水上温泉　旧湯　■湧出量：700ℓ／分（動力揚湯）　■泉温：46.2℃　■泉質：カルシウム・ナトリウム－硫酸塩・塩化物温泉　■効能：神経痛、筋肉痛、五十肩、切り傷、やけど、慢性消化器病ほか　■温泉の利用形態：加水あり、加温あり、循環ろ過式

宿自慢

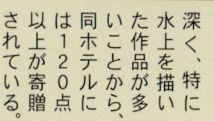

全客室に飾られた洋画家・西田藤次郎の絵画。画伯と聚楽チェーンとの関わりは深く、水上を描いた作品が多いことから、同ホテルには120点以上が寄贈されている。

島好次さん。

子どもの頃、バイキングは憧れの食事だったことを思い出す。10代の終わりに東京へ出て、初めてホテルでトレーを手にした時の緊張感は今でも覚えている。

「バイキングの魅力は、実演と体験です。実際に目の前で作ってお出しする。そして実際にお客さま自身が作る楽しさにあります」。寿司やステーキの実演、チーズフォンデューやソフトクリームなどの体験は、子どもならずとも大人でも食欲をそそわれる楽しい時間だ。この"食の演出"が、ホテル聚楽の50年という歴史を築いてきたのだろう。

館内を歩いていると、どこからともなく香ばしい匂いが漂ってきた。誘われてたどり着いたのはベーカリーだった。ホテルのパンをテイクアウトしたいという客の要望から始まった名物である。常時30種類のパンが揃っているが、一番人気は、なんといっても食パンだ。最上級の小麦粉と奥利根の湧き水で練り上げて焼いた極上の食感は、宿泊客のみならず町の人たちにも長年愛されてきた。

いただいた焼きたてパンの味は、湯の町で歴史を重ねた老舗ホテルならではの素朴な温かさがあった。

水上温泉　水上ホテル聚楽

〒379-1617　群馬県利根郡みなかみ町湯原665
TEL.0278-72-2521　FAX.0278-72-2361

電車：JR上越線、水上駅下車。徒歩約10分。宿泊送迎あり。
車：関越自動車道、水上ICより約7分。

■客室：106部屋　■収容人数：600人　■内風呂：男1・女1　■露天風呂：男1・女1　■宿泊料金：1泊2食 10,000円～　■日帰り入浴：可

温泉の鮮度にこだわった源泉湧湯かけ流し

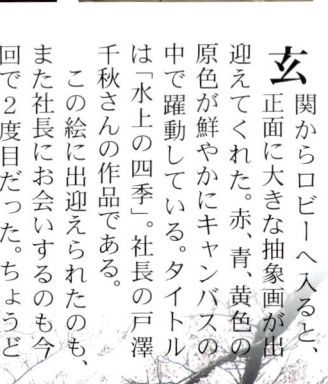

◆水上温泉「松乃井《まつのい》」

玄関からロビーへ入ると、正面に大きな抽象画が出迎えてくれた。赤、青、黄色の原色が鮮やかにキャンバスの中で躍動している。タイトルは「水上の四季」。社長の戸澤千秋さんの作品である。

この絵に出迎えられたのも、また社長にお会いするのも今回で2度目だった。ちょうど1年前の冬に某協会のイベントが同館で開かれ、不肖私が基調講演の講師として招かれたことがあった。その時は名刺を交わしただけで、あいさつもろくにできなかったことを覚えている。

宿の創業は昭和31年。県内の名士により、温泉街を見下ろす国道沿いの一等地に「松乃井旅館」として開業した。そ

■源泉名：水上温泉　松の井源泉、松の湯、荒木・松の井共有泉、松乃井4号源泉の混合泉　■湧出量：500ℓ／分（動力揚湯、掘削自噴）　■泉温：38.0℃　40.1℃　34.8℃　26.8℃　■泉質：カルシウム・ナトリウム－硫酸塩・塩化物温泉、アルカリ性単純温泉　■効能：神経痛、筋肉痛、関節痛、五十肩、運動まひ、慢性消化器病ほか　■温泉の利用形態：加水なし、加温あり、完全放流式（内風呂）、循環ろ過

の後、高度成長の波に乗り、40年代、50年代と増改築をくり返しながら規模を大きくし、水上温泉の隆盛の一翼を担ってきた。しかしバブルの崩壊以降、団体旅行者の激減などの理由により、経営破綻の道をたどることに。

「旅館の経営とは、針の穴に糸を通すよう。入口は勘で入って、出口は運です」と心境を語る。平成19年6月より、経営コンサルトをしていた戸澤さんが会社を興して再建のため経営を引き継いだ。

「唯一の望みは、4本の源泉を所有していたことでした」

そう言って、4枚の温泉分析書を見せてくれた。確かに4枚ともすべての権利者名は戸澤社長の名義に変更されていた。

自家源泉の総湯量は約500リットル。泉質の異なる2種類の源泉が湧出している。

戸澤社長は、この恵まれた豊富な温泉を再建の柱にするべく、「"生"温泉」と名付けた。源泉をできる限り外気に触れずに、温泉の鮮度を保ちながら浴槽へ流し入れるために、湯舟の底から直接湧き上がるように給湯口を設けている。まさに足元湧出温泉を模した「湧湯かけ流し」という新しい湯《ゆ》浴《あ》みスタイルを生み出したのである。

その湯は、実になめらかな浴感をもって、足元から湧き出ていた。

宿自慢

郷土の画家、福沢一郎の大変珍しい「女裸相撲」を描いた作品。先代のコレクションの１点で、現在はロビーの一角に飾られている。

水上温泉 源泉湯の宿 松乃井

〒379-1617　群馬県利根郡みなかみ町湯原551
TEL.0278-72-3200　FAX.0278-72-3210

電車：上越新幹線、上毛高原駅下車。またはJR上越線、水上駅下車。宿泊送迎あり。
車：関越自動車道、水上ICより約5分。

■客室：225部屋　■収容人数：1,276人　■内風呂：男1・女1　■露天風呂：男2・女2　■貸切風呂：3　■宿泊料金：1泊2食 10,500円～■日帰り入浴：可

スマートボール

スマートボール
一皿(五十球)

10発
300円

みなかみ町
山岳資料

ふれあい交流館

メン
食事
スナック
みなかみ

どこか懐かしい昭和の香りがする

かつての賑わいは失せたとはいえ、それでも通りを歩けば、そこかしこから湯の街風情が漂ってくる。食堂、スナック、そば屋、衣料品店、ラーメン屋、喫茶店……そして温泉街に欠かせないのが、遊技場だ。

「昔は17、18軒はあったいね。今はうちを入れて5軒になっちまったよ。多いときには従業員だって4、5人使ってたからね」

昭和25年の創業というから、おじさんは60年以上もこの温泉街で浴衣姿の観光客を相手に商売をしてきたことになる。

ジャラジャラー

スマートボールは1回1皿、50球。２００円とは、お安い。

射的だって、1回1皿、10発で３００円だ。

「戦後、ここはヤミ米の中継地だったんだよ。この通りは、いつも人でごった返してたさ。今では想像もつかないだろうがね」

ジャラジャラー

面白いようにビー玉が穴の中へ、吸い込まれて行く。

「あんた、うまいね。いつも、やってんのかい？」

湯上がりに飲んだビールのせいだろうか、おじさんにおだてられて気分も上々だ。

さあ、通りをもどって、仲間の待つ居酒屋へ向かうとしよう。

【こらむ】*Column*

「みなかみ」に湧く18の湯

かつて水上温泉郷といえば、旧水上町の水上温泉、谷川温泉、うのせ温泉、湯檜曽《ゆびそ》温泉、向山《むこうやま》温泉、宝川温泉、上の原温泉、湯ノ小屋温泉の8温泉地のことを言った。平成17(2005)年10月、水上町は月夜野《つきよの》町と新治《にいはる》村と合併、新たに「みなかみ町」が誕生した。

これにより町内には、旧月夜野町の上牧《かみもく》温泉、月夜野温泉、真沢《さなざわ》温泉、奈女沢《なめざわ》温泉の4温泉地と、旧新治村の湯宿《ゆじゅく》温泉、赤岩温泉、高原千葉村温泉、川古温泉、猿ヶ京温泉、法師温泉の6温泉地が加わり、計18カ所の温泉地を抱える群馬を代表する”湯の町“となった。

泉質はいろいろ、湯量も豊富。冷鉱泉から高温泉まで温度も異なり、効能はさまざま。よりどり18湯の湯をめぐれば、18通りの湯浴《ゆあ》みが楽しめる。

本書の下巻では、残り16湯の温泉宿を紹介する。

猿ヶ京温泉

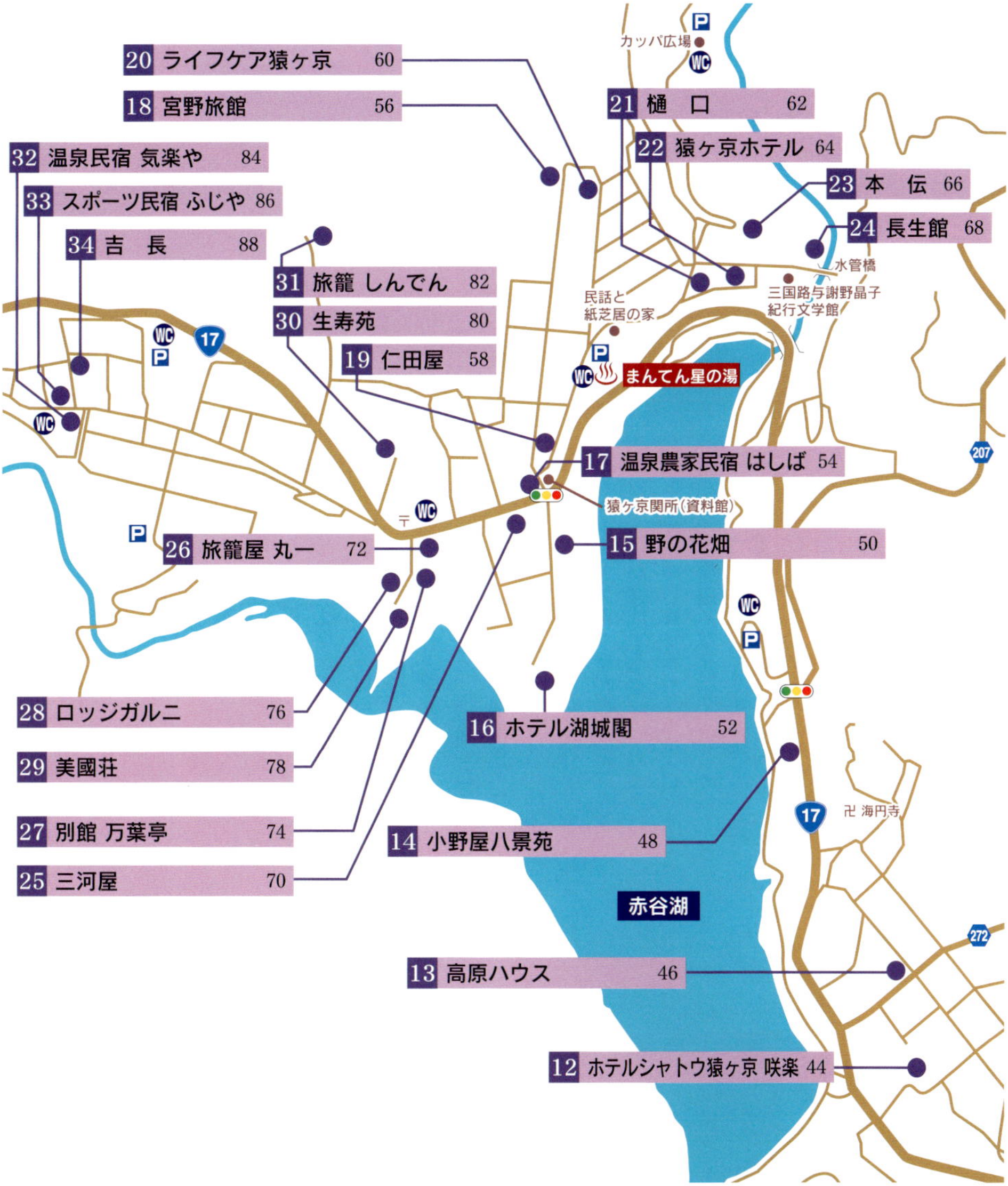

20 ライフケア猿ヶ京 60
18 宮野旅館 56
32 温泉民宿 気楽や 84
33 スポーツ民宿 ふじや 86
34 吉 長 88
31 旅籠 しんでん 82
30 生寿苑 80
19 仁田屋 58
21 樋 口 62
22 猿ヶ京ホテル 64
23 本 伝 66
24 長生館 68
カッパ広場
水管橋
三国路与謝野晶子紀行文学館
民話と紙芝居の家
まんてん星の湯
17 温泉農家民宿 はしば 54
猿ヶ京関所(資料館)
15 野の花畑 50
26 旅籠屋 丸一 72
16 ホテル湖城閣 52
28 ロッジガルニ 76
29 美國荘 78
27 別館 万葉亭 74
25 三河屋 70
14 小野屋八景苑 48
海円寺
赤谷湖
13 高原ハウス 46
12 ホテルシャトウ猿ヶ京 咲楽 44
17
207
272
WC
P

猿ヶ京温泉

湯島温泉 桑原館(現猿ヶ京ホテル)

湖底に沈んだ2つの温泉

かつて赤谷湖《あかやこ》の湖底を流れていた赤谷川の渓谷には、「湯島の湯」と「笹の湯」という温泉があった。昭和33(1958)年、相俣《あいまた》ダムの完成により、赤谷川はせき止められ、渓谷にあった2つの温泉は湖に水没した。

旧四軒と呼ばれる湯島にあった桑原館、長生館、見晴館と笹の湯にあった相生館は、代替地として現在の場所へ移転。新たな源泉を掘削して、猿ヶ京温泉として生まれ変わった。

翌年には三国トンネルが開通し、国道17号が群馬県と新潟県を結んだ。同37年に苗場国際スキー場が完成すると、猿ヶ京温泉に冬のスキー客が押し寄せるようになった。旧四軒しかなった旅館も数を増やし、こぞって農家も民泊を受け入れ、民宿経営に乗り出した。折からの車ブームも追い風となり、人造湖を見下ろす高台の温泉地は史上空前の観光客を迎え、群馬を代表する温泉地へと変貌した。

現在、旧四軒のうち2軒は廃業してしまったが、旧桑原館の猿ヶ京ホテルと長生館が、湯島時代の歴史と伝統を守り継いでいる。

湯島温泉に架かる橋

昭和15年頃の湯島温泉

謙信ゆかりの地、申が今日

猿ヶ京という地名の由来には、こんな伝説がある。

永禄3(1560)年、上杉謙信が越後から三国峠を越えて関東平野出陣の際、今の猿ヶ京である「宮野」という城に泊まり、不思議な夢を見た。宴席で膳に向かうと箸が1本しかなく、ごちそうを食べようとするとポロポロと歯が8本抜け落ちた。

嫌な夢を見たと思い、このことを家臣に告げると「これは関八州(関東一円)を片はし(片箸)手に入れる夢なり」と答えたので、謙信は大いに喜び、「今年は庚申《かのえさる》の年で、今日も庚申の日。我も申年生まれ、これより関東出陣の前祝いとして、ゆかりの地である宮野を『申が今日』(猿ヶ京)と名付ける」と申し渡したという。

カッパ公園

縁結びの滝

猿ケ京の玄関口に建つ 絶景のリゾートホテル

◆猿ケ京温泉「ホテル シャトウ猿《さる》ケ《が》京《きょう》 咲《さく》楽《ら》」

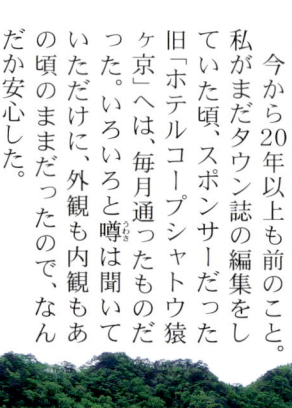

上杉謙信が関東へ向け出陣する際に、桜の枝を逆さにさして戦況を占ったと伝わる県指定の天然記念物「謙信の逆さ桜」。赤谷湖畔のこの古木を背にして坂道を上る。あの日と変わらぬ装いで、ホテルは建っていた。玄関に描かれた真っ赤な壁画が懐かしい。一瞬にして記憶がよみがえった。

今から20年以上も前のこと。私がまだタウン誌の編集をしていた頃、スポンサーだった旧「ホテルコープシャトウ猿ケ京」へは、毎月通ったものだった。いろいろと噂《うわさ》は聞いていただけに、外観も内観もあの頃のままだったので、なんだか安心した。

「そうでしたか。あのときの編集者の方だったんですね。懐かしく思います。確かにいろいろありましたが、こうやって変わらずにお客さまを迎えさせていただいております」

と支配人の佐藤正三さん。猿ヶ京生まれの猿ヶ京育ち、25年前の入社以来、猿ヶ京温泉とともに暮らしてきた。

平成18年、経営がそれまでの労働団体から民間企業へと移行された。支配人は残されたスタッフとともに運営に力を注いできた。

東京からの無料送迎バスの運行や周辺の観光スポットをめぐるオプショナルバスツアーなどを企画。東京や埼玉など首都圏からの新規ユーザーの取り込みに成功している。

うれしいことに、大浴場の内風呂も露天風呂もあの頃のままだ。訪ねたのは、まだ春浅い時季だったが、新緑の季節にはますます山並みが見事に映えることだろう。

湯舟の中で「すべてのお客へ、感動と元気とやすらぎを与えたい」と言った支配人の言葉を思い出した。こちらまでが元気づけられる明るい声だった。ならば、こちらも言葉を返したい。「変わらずにいてくれて、ありがとう」と。

■源泉名：1号井戸と2号井戸の混合泉
■湧出量：測定せず（動力揚湯）　■泉温：53.8℃
■泉質：カルシウム・ナトリウム－硫酸塩・塩化物温泉　■効能：動脈硬化症、切り傷、やけど、慢性皮膚病、慢性消化器病ほか　■温泉の利用形態：加水あり、加温あり、循環ろ過

宿自慢

ロビーに飾られた「夢」と書かれた6畳分もある大きな凧《たこ》。平成19年、オーナーの知り合いの凧職人が作ったもので、実際に大凧揚げ大会で夢を乗せて大空を舞った。

猿ヶ京温泉 ホテル シャトウ猿ヶ京 咲楽

〒379-1404　群馬県利根郡みなかみ町相俣248
TEL.0278-66-1151　FAX.0278-66-1157

電車：上越新幹線、上毛高原駅またはJR上越線、後閑駅からバス（約20～25分）で「逆さ桜」下車。徒歩約2分。（駅までの宿泊送迎あり）。
車：関越自動車道、月夜野ICより約20分。

■客室：95部屋　■収容人数：451人　■内風呂：男1・女1　■露天風呂：男1・女1　■サウナ：男1・女1
■宿泊料金：1泊2食 8,980円～　■日帰り入浴：可

スポーツと掛け流し温泉と十割そばの宿

◆猿ヶ京温泉「高《こう》原《げん》ハウス」

畑と田んぼに囲まれた赤谷湖を見下ろす高台に、赤いドーム型屋根の建物が見える。大きく「高原ハウス」と書かれている。近づくにつれ、建物全体の輪郭が見えてきて、それが体育館であることが分かった。ここは、猿ヶ京でも今は数軒となってしまった、スポーツ民宿である。

「卓球、柔道、剣道、吹奏楽など、高校や大学の部活動、社会人のクラブが合宿に利用しています。7月から8月がピーク、とっても賑やかですよ」と、2代目主人の生方眞さん。この地に生まれ育ち、高校卒業後は東京の料理屋で板前の修業へ出ていたが、昭和50（1975）年に宿を継ぐために帰ってきた。

それ以前は、主人の母親が国道沿いで民宿を商っていた。昭和42年に現在の場所へ廃校となった分校の校舎を移築して「高原ハウス」を開業した。しばらくは親戚の者に経営を任せていたが、昭和48年に体育館を増築。都会からのスポーツ合宿を受け入れる宿へと転向した。

ある時、転機が訪れた。それは主人が独学でそば打ちを始めたのである。きっかけは、旧新治村が遊休桑園に対して、抜根作業の補助やそば種子の無料配布を行ったことだった。これを機に桑園をやめて、そばの栽培を始めた。収穫、天日干し、

■源泉名：猿ヶ京温泉　1号井戸・2号井戸の混合泉　■湧出量：560ℓ／分（動力揚湯）　■泉温：55.1℃　■泉質：ナトリウム・カルシウム－硫酸塩・塩化物温泉　■効能：神経痛、筋肉痛、関節痛、五十肩、運動まひ、慢性消化器病ほか　■温泉の利用形態：加水なし、加温なし、完全放流式

宿自慢

ご主人が漬け物石を改良して作った石臼。1時間で1キロしか挽くことができないので、どんなに頑張っても1日20食が限度だ。

猿ヶ京温泉　高原ハウス

〒379-1404 群馬県利根郡みなかみ町相俣243-5
TEL&FAX.0278-66-0090

電車：上越新幹線、上毛高原駅またはJR上越線、後閑駅からバス（約25～30分）で「逆さ桜」下車。徒歩約2分。
車：関越自動車道、月夜野ICより約20分。

■客室：8部屋　■収容人数：30人　■内風呂：男1・女1　■宿泊料金：1泊2食　7,500円～　■日帰り入浴：可

脱穀、石臼挽《いしうすび》き、そば打ちまでを、すべて女将《おかみ》の尚子さんと2人で行っている。

「最初は、民宿の夕飯に出していただけだったんですよ。あまり評判が良かったんで、一般の人にも食べてもらおうと始めたんですよ」と、平成14年に「そば処　眞心庵（まごころあん）」をオープンした。「その土地で採れたそばは、その土地の水で打つ」をモットーに、その日使う分だけを石臼で挽く。そのこだわり抜いた十割そばの香りと独特な食感を求めて、遠方より訪れる人が後を断たない。

赤谷湖に眠るカッパ伝説が残る民話の宿

◆猿ヶ京温泉「小《お》野《の》屋《や》八《はっ》景《けい》苑《えん》」

「昔々、相俣《あいまた》村には河童《かっぱ》が住んでいて、キュウリ畑を荒したり、いたずらをするので、村人たちは『こらしめるために、ひっつかまえてくれるべえ』と話し合っていた。ある日、小野屋のお婆が赤谷川で小豆を洗っていると、ざるに河童がひっかかった。『お前は悪さばかりするから、村の衆のところへ連れて行く』と言うと、『助けてくれたら、何にでも効く膏薬《こうやく》の作り方を教えます』と言うので、お婆はカッパを助けて薬の調合を教えてもらった。それからというもの村人たちは、お婆の作る膏薬のおかげで大いに助かったという。」

(猿ヶ京温泉の民話「河童のくすり」より)

「私の祖母までは、薬を作れたといいます。代々、嫁がその調合を伝授していたと聞いていますが、村に医者がいなかった時代の話ですから、今は誰も作れません」と2代目主人の小野公雄さんは笑う。小野家は代々、この地で農業を営んで暮らしていた。現在でも明治時代に建てられた立派な土蔵がある。山菜やキノコ、白菜、野沢菜などが一年中保存されている。

昭和35年頃のこと。苗場スキー場へ行くスキー客が、猿ヶ京温泉にドッと押し寄せ、宿泊施設が足りなくなってしまった。先代が農業のかたわら、冬季だけ民泊を受け入れたのが宿の始まりだった。昭和52

年に現在の建物を新築したが、それでも変わることなく農業を兼業している。

「ですから田植えと稲刈りの時季は、民宿はお休みなんです。でも、みなさん、お米がおいしいと喜んでくださいます」と言って女《お》将《かみ》の美喜枝さんが、お茶請けにワラビとタケノコを出してくれた。これも畑で育てた山菜だ。完全なる”地産地食“に舌鼓を打った。

露天風呂からは、赤谷湖の全景を一望することができる。浴槽の縁に、愛くるしい表情で薬つぼを持ったカッパの地蔵さんが立っていた。湖の底に消えてしまった昔のすみかを懐かしく見ているのかもしれない。

■源泉名：猿ヶ京温泉 1号井戸と2号井戸の混合泉 ■湧出量：測定せず（動力揚湯） ■泉温：53.8℃ ■泉質：カルシウム・ナトリウム－硫酸塩・塩化物温泉 ■効能：神経痛、筋肉痛、関節痛、五十肩、うちみ、くじき、冷え性ほか ■温泉の利用形態：加水なし、加温なし、完全放流式

宿自慢

赤谷湖畔に臨む屋上展望台からの眺めは絶景だ。「八景苑」の名に恥じない展望が楽しめる。日がな一日、湯上がりに何度でも眺めていたい。

猿ヶ京温泉 温泉民宿 小野屋八景苑

〒379-1404 群馬県利根郡みなかみ町相俣76
TEL.0278-66-0166 FAX.0278-66-0231

電車：上越新幹線、上毛高原駅またはJR上越線、後閑駅からバス（約25〜30分）で「相俣」下車。すぐ前。
車：関越自動車道、月夜野ICより約20分。

■客室：7部屋 ■収容人数：36人 ■内風呂：男1・女1 ■露天風呂：1（交代制） ■宿泊料金：1泊2食 7,500円〜

豪農しのぶ蔵と古民家の宿

◇猿ヶ京温泉「野《の》の花《はな》畑《はたけ》」

なんとも可愛らしいネーミングの宿だが、そのたたずまいは立派だ。威風堂々とした蔵構えの玄関をくぐると、建物のなかに築200年以上の土蔵が並ぶ。米蔵と養蚕蔵はリニューアルされ、ハイセンスな旅館の内装に変身していた。

「うちは、この地で4代続く農家なんです。旅館経営は先代から始めました」と2代目女《お》将《かみ》の林伊久代さんが、林家の歴史をとつとつと話しだした。

昭和38年、赤谷湖の完成にともない誕生した猿ヶ京温泉の湯の町地区で、先代が農業のかたわら旅館「山水楼」を創業。同63年8月、2代目主人の具公さんが現在の場所に、自宅の蔵を改造した旅館「蔵やしき」を移転オープンさせた。

玄関からいったん表へ出て、隣接された茅葺《かやぶ》き民家を訪ねると、ご主人が囲炉裏《いろり》で炭火をおこしていた。プーンと燻《いぶ》された香りとともに、なんとも懐かしい匂いが漂ってきた。

「この家で私は生まれ育ちました。現在は旅館の『おやすみ処』として、お客さまに畑で採れた野菜やうどん、おやきなどを振る舞っています。この炭も私が焼いているんですよ」

そう言って、敷地内の炭焼き小屋へ案内してくれた。10日に一度、仲間が集まり酒を飲みながら、ここで炭を焼くのが楽しみなのだという。

なんとも不思議な宿である。旅館に来た気がしない。遠い記憶のなかに存在するふるさとの家に帰ってきたような感覚。露天風呂から立ちのぼる湯けむりまでもが、秋の日に照らされて、なんとも懐かしいのである。

■源泉名：猿ヶ京温泉　1号・2号井戸の混合泉
■湧出量：310ℓ／分（動力揚湯）■泉温：64.5℃
■泉質：カルシウム・ナトリウム－硫酸塩・塩化物温泉 ■効能：リウマチ性疾患、痛風、創傷、高血圧症、動脈硬化症ほか■温泉の利用形態：加水あり、加温あり、完全放流式（露天風呂は循環ろ過）

宿自慢

先祖代々、200年以上使っている「みそ蔵」。みそは2年仕込み、そのほか大根や白菜など自家農園で作られた野菜が漬けられている。

猿ヶ京温泉　蔵やしき 野の花畑

〒379-1403 群馬県利根郡みなかみ町猿ヶ京温泉107　TEL.0278-66-0641　FAX.0278-66-0642

電車：上上越新幹線、上毛高原駅またはJR上越線、後閑駅からバス（約25～30分）で「関所前」下車。徒歩約2分。
車：関越自動車道、月夜野ICより約20分。

■客室：16部屋 ■収容人数：60人 ■内風呂：男1・女1 ■露天風呂：男1・女1 ■宿泊料金：1泊2食13,000円～ ■日帰り入浴：可（要予約）

城跡から湖を見下ろす 絶景の露天大樽風呂

◆猿ヶ京温泉「ホテル湖《こ》城《じょう》閣《かく》」

国道17号を三国峠へ向かって走ると、鮮やかなエメラルドグリーンに水面を染める赤谷湖が見えてくる。最初に目に飛び込んでくる建物が、湖畔に半島のように突き出した断崖の上に建つ「ホテル湖城閣」。その昔、上杉謙信が宮野城を築いたほどの景勝地だ。そこからの眺めは、猿ヶ京随一と言っていい。

玄関からロビーへ足を踏み入れた途端、懐かしい記憶がよみがえってきた。もう20年以上も前のことだ。当時、雑誌の編集をしていた私は、仕事で泊まったことがある。よほどインパクトが強かったのだろう。ロビーから露天風呂まで、迷うことなく行けた。そして、そこには20数年前と同じ景色があった。

「そうでしたか。では、この露天風呂ができて、間もなくの頃にいらしたのですね」と支配人の林利雄さん。宿の創業は昭和37年。同50年代に現オーナーの経営となり、平成になってから露天風呂がリニュ

ーアルされた。
絶壁から湖を見下ろす景観は、圧巻だ。明治時代のしょう

油樽《だる》を利用した名物の「大樽風呂」をはじめ、岩露天風呂や大釜風呂など6つの浴槽が、すべて源泉かけ流し。これも毎分200リットルという自家源泉を所有しているからできること。そして変わらずに、今でも混浴のスタイルを保っているのが嬉しい（女性専用時間あり）。

大樽風呂に身を沈めると、気持ち良いほどの湯が、あふれ流れていく。完全に源泉をひとりじめである。しばらく湯と湯けむりの中に身を置き、20年以上も前の若かりし自分の姿を追っていた。

■源泉名：猿ヶ京温泉　湖城閣泉　■湧出量：200ℓ／分（動力揚湯）　■泉温：62.8℃　■泉質：ナトリウム・カルシウムー塩化物・硫酸塩高温泉　■効能：効能：水虫、痔、切り傷、ストレス、リウマチ、婦人病、胃腸病ほか　■温泉の利用形態：加水なし、加温なし、完全放流式

宿自慢

ロビーに置かれたジュークボックスは、全50曲。2曲100円で今でも現役だ。演歌、フォーク、ポップスなど青春時代に聴いた、懐かしい昭和の名曲に合える。

猿ヶ京温泉　ホテル湖城閣

〒379-1403　群馬県利根郡みなかみ町猿ヶ京温泉121　TEL.0278-66-1021　FAX.0278-66-1141

電車：上越新幹線、上毛高原駅またはJR上越線、後閑駅からバス（約25～30分）で「関所跡」下車。徒歩約5分。※駅までの宿泊送迎あり。
車：関越自動車道、月夜野ICより約20分。

■客室：32部屋　■収容人数：100人　■内風呂：男1・女1　■露天風呂：混浴1（女性時間あり）
■貸切風呂：2　■宿泊料金：１泊２食　10,000円～
■日帰り入浴：可

畑から届く新鮮野菜と蔵造りの素朴な宿

◆猿ヶ京温泉「温《おん》泉《せん》農《のう》家《か》民《みん》宿《しゅく》 はしば」

何度となく通っている道だった。国道17号沿い、関所跡の信号角にある、みやげ物屋「はしば」。民宿も兼ねていたとは、意表を突かれた思いがした。

白壁の重厚な蔵が2つ並んでいる。左が米蔵で、右が味噌蔵だ。もちろん現役である。自家田畑で採れた米が納められ、味噌のほかにも大根や梅干しが漬けられている。蔵をはさんで左側が国道に面したみやげ物屋、右側が民宿の宿泊棟である。

「農家としては私で7代目、民宿は祖父の代からですから3代目になります」と、主人の田村和寿さんが歴史を語り出した。

田村家は代々、この地で農

■源泉名：猿ヶ京温泉 1号井戸と2号井戸の混合泉 ■湧出量：560ℓ／分（動力揚湯） ■泉温：55.1℃ ■泉質：ナトリウム・カルシウム－硫酸塩・塩化物温泉 ■効能：神経痛、筋肉痛、関節痛、五十肩、運動まひ、冷え性ほか ■温泉の利用形態：加水なし、加温なし、完全放流式

宿自慢

温泉が引かれたビニールハウスでは、グアバやマンゴー、ドラゴンフルーツなどの南国フルーツが……。いずれは宿の名物にと、息子の拓也さんが実験的に栽培している。

猿ヶ京温泉 温泉農家民宿 はしば

〒379-1403 群馬県利根郡みなかみ町猿ヶ京温泉1093　TEL&FAX.0278-66-0153

電車：上越新幹線、上毛高原駅またはJR上越線、後閑駅からバス（約25～30分）で「関所跡」下車。すぐ前。
車：関越自動車道、月夜野ICより約20分。

■客室：8部屋　■収容人数：32人　■内風呂：男1・女1　■宿泊料金：1泊2食 6,975円～　■日帰り入浴：可

業と林業を営んでいた。赤谷湖の完成とともに猿ヶ京温泉が誕生した翌年の昭和34年9月、伊勢湾台風が襲い、林業に大打撃を受けた。その時の売り物にならなかった木材を利用して建てたのが、現在の民宿だという。さらに同41年、かやぶきの養蚕棟が火災に遭い、全焼してしまう。その場所が、現在のみやげ物屋になった。ちなみに「はしば」とは、田村家の昔からの屋号「橋場」のことだ。「昔は、うちの前に川が流れていて橋が架かっていたんです。これが火災に遭う前の写真です」と主人が指さした壁には、立派なかやぶき屋根の建物とせせらぐ小川が、セピア色の写真の中に写っていた。

浴室は昔なつかしいタイル張りで、この規模の宿としては浴槽を広くとってある。やや熱めの源泉が、気持ち良いほどにザーザーとかけ流されている。寝しなに、もう一度ゆっくりと入ることにして、とりあえず軽く浸かり、浴衣に着替えて食堂へ。

採れたての野菜と山菜が、何よりのごちそうである。まずは目で食材を楽しみながら、湯上がりのビールをいただいた。

たどり着けば素朴な温もりがてんこ盛り

◆猿ヶ京温泉「宮野《みやの》旅館《りょかん》」

まったく看板が見当たらない。国道にも、温泉街へ入っても、道の分岐にも……。こんな宿は初めてだ。

「みんな迷子になっちゃうんみたいだいね。迷路の中に入り込んだみたいだって」そう言うと、女将《おかみ》の林江美子さんは豪快に笑ってみせた。なんだか親戚のおばさんに会ったようで、ホッと旅装が解けた。確かに私も道に迷ったが、たどり着いてしまえば、こんなにも温かく迎えてくれるのだから文句はない。

それでも気になったので、どうして看板を出さないのか訊ねると、「適当だからよ、何も考えていないの。何でも適当が一番さね！　ワッハハハ」

と一笑に付されてしまった。創業から今日まで、一切の宣伝をせずに口コミだけで旅館を商ってきたという。

江美子さんは20年以上の旅館勤務を経て、平成5年に自宅を改築して旅館業を始めた。客室は、わずか5部屋。「別に儲けるつもりはない。パートに出たと思えば、この程度で十分。借金は嫌いだからね」と、またしても笑った。

ご主人は他の温泉地で働いている。旅館を始めたいと言い出したのも江美子さんだった。現在は息子さんと2人で、すべての切り盛りをしている。

「そんなに、うんまい(旨い)かい？　持ってぐ(行く)かい？」と自家製のたくあんを厨房《ちゅうぼう》から何本もビニール袋に入れて持ってきてくれた。お茶を飲みながらテーブルにデンと置かれた皿に手をのばしたら、止まらなくなってしまったのだ。ふだんは漬物が苦手な私だが、自分でも不思議なくらいに手が動いた。こんなことは初めてだ。

「大根も私が作ったんだよ」と窓の外の畑を指さした。この美味しさには、ちゃんと理由があったのだ。華美な宿ではないけれど、女将さんの素朴な温もりが、目の前のたくあんみたいに、てんこ盛りの宿である。

■源泉名：猿ヶ京温泉　町有1号線
■湧出量：400ℓ／分(動力揚湯)　■泉温：61.0℃
■泉質：カルシウム・ナトリウム－硫酸塩・塩化物温泉　■効能：神経痛、筋肉痛、関節痛、五十肩、慢性消化器病ほか　■温泉の利用形態：加水なし、加温なし、完全放流式

宿自慢

ベゴニア、カポック、ポトス、パキラ…。玄関といわず廊下のいたるところに植物の鉢植えが置かれている。花好きの女将さんのために常連客が持ってくるという。

猿ヶ京温泉　宮野旅館

〒379-1403　群馬県利根郡みなかみ町猿ヶ京温泉1285　TEL&FAX.0278-66-0648

電車：上越新幹線、上毛高原駅またはJR上越線、後閑駅からバス(約25～30分)で終点「猿ヶ京」下車。宿泊送迎あり(県内送迎もあり)。
車：関越自動車道、月夜野ICより約20分。

■客室：5部屋　■収容人数：20人
■内風呂：男1・女1　■宿泊料金：1泊2食 6,450円～

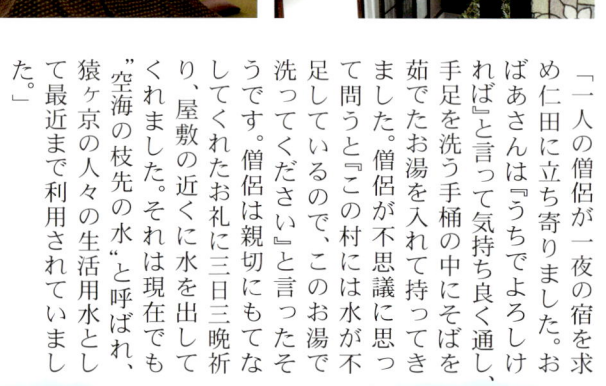

代々受け継がれた人情ともてなしの心

◆猿ヶ京温泉「仁《に》田《た》屋《や》」

「一人の僧侶が一夜の宿を求め仁田に立ち寄りました。おばあさんは『うちでよろしければ』と言って気持ち良く通し、手足を洗う手桶の中にそばを茹でたお湯を入れて持ってきました。僧侶が不思議に思って問うと『この村には水が不足しているので、このお湯で洗ってください』と言ったそうです。僧侶は親切にもてなしてくれたお礼に三日三晩祈り、屋敷の近くに水を出してくれました。それは現在でも〝空海の枝先の水〟と呼ばれ、猿ヶ京の人々の生活用水として最近まで利用されていました。」

(『仁田屋と空海との伝説』より)

「林家は旧家で、代々屋号を田と名乗っていました。宿屋を初めてからは私で3代目になります」と主人の林繁利さんが歴史を話してくれた。

昭和30年代に祖父が現在の場所で、スキー民宿を開業したのが始まりだった。高度成長の波に乗り、当時は連日満員だったという。平成2年に父親が現在の旅館に建て替えて、リニューアルした。繁利さんは翌年、女将《おかみ》の清子さんとともに東京から帰り、跡を継いだ。

女性露天風呂にある珍しい亀甲竹

「昨年の震災時は避難所として難民を受け入れました。それ以降、経営に対する考え方が大きく変わりましたね。仕事があるだけでもありがたい、と思えるようになったんです。わざわざ来てくださるお客さまのために、できる限りのことをして差し上げたい」と、主人自らがバスを運転して、県内全域のグループ送迎をしている。また旅館向かいの「三国館」で開催される大衆演劇公演のチケット手配や役者との記念撮影までもを夫婦で買って出ている。

先祖から代々受け継いだもてなしの心と人情味にあふれる宿である。

■源泉名：猿ヶ京温泉　町有1号 ■湧出量：測定せず（動力揚湯） ■泉温：59.7℃ ■泉質：カルシウム・ナトリウム－硫酸塩・塩化物温泉 ■効能：神経痛、関節痛、切り傷、やけど、慢性皮膚病、胃腸病ほか ■温泉の利用形態：加水なし、加温なし（露天風呂は加温あり）、完全放流式

宿自慢

先代女将が嫁いできた昭和41年に発見された、畑の中に埋もれていたお稲荷さんの石祠。以後、毎日お供えをして祀《まつ》られている。文化25年と刻まれている。

猿ヶ京温泉　仁田屋

〒379-1403　群馬県利根郡みなかみ町猿ヶ京温泉1143　TEL.0278-66-0114　FAX.0278-66-0930

電車：上越新幹線、上毛高原駅またはJR上越線、後閑駅からバス（約25～30分）で「関所跡」下車。徒歩1分。各駅からの宿泊送迎、県内グループ送迎あり。
車：関越自動車道、月夜野ICより約20分。

■客室：9部屋　■収容人数：40人
■内風呂：男1・女1　■露天風呂：男1・女1
■宿泊料金：1泊2食 8,000円～　■日帰り入浴：可

大自然と田園に囲まれた憩いの里

猿ヶ京温泉「ライフケア猿《さる》ヶ《が》京《きょう》」

上越国境に連なる谷川連山の一峰、万太郎山が白く雪化粧をしている姿が、ひときわ印象的だ。360度ぐるりと山並みに囲まれた、のどかな田園風景の中に、白い建物とロッジ風の離れが建っている。

子どもの頃から何十回と訪れている土地なのに、初めて目にする風景だった。国道から離れ、温泉街を少し抜けただけで、こんなにも自然豊かな山里に出合えるなんて、猿ヶ京温泉も奥が深くて広い。

「お待ちしておりました」と丁寧に2人揃って主人の生津達郎さん、女将《おかみ》の芳子さん夫妻が出迎えてくれた。生津さんは、昭和30年代から赤谷湖で遊覧船やボートの営業を行

っている観光会社の社長でもある。同60年に源泉を購入して旅館業を始めた。

「最初は温泉付きの老人ホームを始めようと建てた建物なんですよ。でも入居者が集まりませんでした(笑)」と、ご主人。なるほど、それで「ライフケア」なのである。屋号はそのままに27年間、温泉旅館として夫婦二人三脚で営んできた。

「昔は県内ならどこでも老人会の団体を送迎していたけど、今は時代が変わって個人客ばかり。それでも当時からのリピーターが来てくれるからね」とご主人が言えば、「毎年決まって同じ日に来る人や毎月2、3泊する常連客もいるんですよ。みなさん、お湯がいいって言ってくださってね」と女将さんが言葉をつなげる。

　とにかく、湯が自慢の宿のようだ。さっそく、いただくことにした。
　やや熱めの内風呂とぬるめの露天風呂は、完全かけ流し。2本の自家源泉を保有している湯元だけあり、豊富な湯がザーザーと惜しげもなく浴槽からあふれ出してた。
　特筆すべきは、1組限定(2〜4人)の離れ2階にも源泉かけ流しの露天風呂が付いていることだろう。温泉に入りながら絶景の田園風景をひとりじめできる。

■源泉名:猿ヶ京温泉　町有1号 ■湧出量:測定せず(動力揚湯) ■泉温:59.7℃ ■泉質:カルシウム・ナトリウム－硫酸塩・塩化物温泉 ■効能:神経痛、関節痛、切り傷、やけど、慢性皮膚病、胃腸病ほか ■温泉の利用形態:加水なし、加温なし(露天風呂は加温あり)、完全放流式

宿自慢

玄関ロビーで客人を出迎える巨大なトラの銅像。「また来るね」と頭をなでて帰る人が多く、そこだけテカテカに光っている。創業から27年間いる宿の番人。

猿ヶ京温泉　ライフケア猿ヶ京

〒379-1403 群馬県利根郡みなかみ町猿ヶ京温泉1219-3　TEL.0278-66-0612　FAX.0278-66-0331

電車:上越新幹線、上毛高原駅またはJR上越線、後閑駅からバス(約25～30分)で終点「猿ヶ京」下車。宿泊送迎あり。
車:関越自動車道、月夜野ICより約20分。

■客室:28部屋 ■収容人数:60人 ■内風呂:男1・女1 ■露天風呂:混浴2 ■宿泊料金:1泊2食7,000円～ ■日帰り入浴:可

湯上がりビールと四季折々の味わい

◆猿ヶ京温泉「樋《ひ》口《ぐち》」

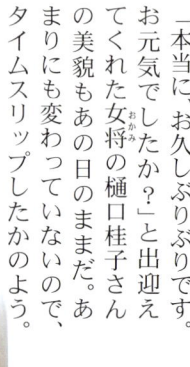

何はともあれ、宿に着いたら真っ先に風呂に入る。それもザブンと軽く入る。またあとで、ゆっくりと入ることにして、そそくさと浴衣に着替えて、ロビーで生ビールを注文する。

「間に合った！」

日没前の夕陽に染まる赤谷湖の美景を眺めながら、この一等地の指定席で飲むビールを8年間も待ちわびていたのである。あの日と同じ景色、同じ味わいに、身も心も解かれていくのが分かる。

「本当に、お久しぶりぶりです。お元気でしたか？」と出迎えてくれた女将《おかみ》の樋口桂子さんの美貌もあの日のままだ。あまりにも変わっていないので、タイムスリップしたかのよう。

8年前、仕事の仲間数人で泊まった日のことを、夕闇に包まれる湖を見つめながら懐かしく思い出していた。

もちろん、樋口に来たら一番の楽しみは料理である。地元猿ヶ京温泉の寿司屋の息子として生まれたご主人の博計さんは、群馬・埼玉・千葉・茨城・東京・京都と12年間の板前修業を終えて、平成5年に旅館をオープンさせた。

「美味しい料理とは、喜んでいただける料理だと考えています。お客さまの要望に応えられる融通のきく料理を心掛けています」

お客の好き嫌いやアレルギーのある食材など、たった5部屋の小さな宿だからこそできる料理への対応には定評がある。オープン以来、口コミだけでなく、テレビや雑誌などでも、たびたび紹介されている人気旅館だ。

この日の献立は、「たくみの里カマンベールチーズと地鶏スモークのサラダ」の前菜から始まり、「赤城高原野菜と牛のお鍋」「じゅんさい茶碗蒸し」「上州麦豚角煮」と、どれも地元の食材を使った手の込んだ味わいに仕上がっていた。特に、さっぱりしたお出しでいただく角煮は、あの日と変わらぬ味で、嬉しさのあまり、ついつい酒が過ぎてしまった。

■源泉名：猿ヶ京温泉　町有1号泉　■湧出量：測定せず（動力揚湯）■泉温：59.7℃　■泉質：カルシウム・ナトリウム－硫酸塩・塩化物温泉　■効能：動脈硬化症、切り傷、やけど、慢性皮膚病、慢性婦人病ほか　■温泉の利用形態：加水なし、加温あり、循環ろ過式

宿自慢

出刃包丁、相出刃包丁、柳刃包丁、フグ引き包丁、タコ引き包丁、ハモ引き包丁……料理旅館「樋口」の味を生み出す包丁の数々。18歳で修業に出た主人の命の次に大切な物。

猿ヶ京温泉 料理旅館 樋口

〒379-1403 群馬県利根郡みなかみ町猿ヶ京温泉1167　TEL.0278-66-1500　FAX.0278-66-1501

電車：上越新幹線、上毛高原駅またはＪＲ上越線、後閑駅からバス（約25～30分）で「関所跡」下車。徒歩約10分。
車：関越自動車道、月夜野ＩＣより約20分。

■客室：5部屋　■収容人数：25人　■内風呂：男１・女１（貸切可）　■宿泊料金：1泊2食 13,800円～

三国路の歴史を伝える民話の宿

◆猿ヶ京温泉「猿《さる》ヶ《が》京《きょう》ホテル」

赤谷湖を眼下に見下ろす高台の一等地に建つ、屈指の老舗宿である。それもそのはずで、湖に水没した〝旧四軒〟の一つ。昭和3年創業の湯島温泉「桑原館」を初代が同20年代に購入し、「猿ヶ京ホテル桑原館」として経営を引き継いだ。

「これが当時のパンフレットなんですよ。この写真は湖ができる前のものです」と、貴重な資料を広げて説明をしてくれたのは、3代目主人の持谷明宏さん。モノクロ写真には、木造2階建ての立派な旅館が写っていた。

先代女将《おかみ》の持谷靖子さんが著した『猿ヶ京温泉史』によれば、「猿ヶ京温泉の前身である

湯島温泉の源泉地、湯島河原は、猿ヶ京関所の裏側、北方十町余（約1キロメートル）の所にある。（中略）新治村のテニスコート・運動場・河童地蔵の手前である」と記されている。2人で地図を広げて、湯島温泉のあった場所を探した。なんとも楽しい、ひとときであった。

　旅装を解いて、大浴場へ。吹き抜けの高い天井へ向かって、もうもうと沸き上がる湯けむりの中に身を沈めた。露天風呂は翌朝に入ることにして、そそくさと浴衣を着込み、夕げの膳に向かった。名物の豆腐懐石料理と湯上がり生ビールの相性は抜群である。湯葉や豆腐の燻製《くんせい》、豆乳のしゃぶしゃぶなど、これも豆腐、あれも豆腐と豆腐づくしのバラエティーに富んだ料理は、見事としか言いようがない。館内に豆腐工場を持つ、こだわりの賜物《たまもの》である。

　夕食後は、お待ちかねの「民話の語り」を聴きに、囲炉裏《いろり》のある部屋へ。つきたての餅が振る舞われ、猿ヶ京に伝わる民話を大女将が語りだす。その独特の抑揚ある語りが、ほろ酔い気分の身には、なんとも心地よかった。

■源泉名：猿ヶ京温泉　共有泉湯島　■湧出量：630ℓ／分（動力揚湯）　■泉温：55.5℃　■泉質：カルシウム・ナトリウム－硫酸塩温泉　■効能：高血圧症、通風、切り傷、神経痛、筋肉痛、関節痛ほか　■温泉の利用形態：季節により加水あり、加温なし、完全放流式

宿自慢

材木商を営んでいた大女将の実家から一緒に嫁いできた大黒様。地元では「腹なでジジイ」と親しまれ、大きなお腹をなでると金運が付くという。今はロビーの入口でお客様を迎える。

猿ヶ京温泉　猿ヶ京ホテル

〒379-1403 群馬県利根郡みなかみ町猿ヶ京温泉1171　TEL.0278-66-1101　FAX.0278-66-1108

電車：上越新幹線、上毛高原駅またはJR上越線、後閑駅からバス（約25～30分）で終点「猿ヶ京」下車。宿泊送迎あり（上毛高原駅までの送迎もあり）。
車：関越自動車道、月夜野ICより約20分。

■客室：60部屋　■収容人数：280人　■内風呂：男1・女1　■露天風呂：男1・女1　■貸切風呂：2　■宿泊料金：1泊2食 13,000円～　■日帰り入浴：可（不定休）

樹齢数百年の古木に囲まれた 癒やしの風景

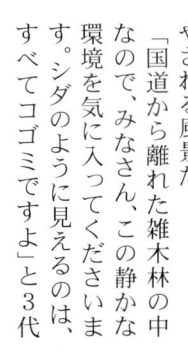

◆猿ヶ京温泉「本《ほん》伝《でん》」

“湯”の町“と呼ばれる温泉街の奥まったところ。樹齢百年を超えるナラ、クリ、モミジなどの古木に囲まれながら、その重厚な宿が静かに旅人を迎えてくれる。群馬特有の養蚕農家に伝わる「せがい出し梁《はり》造り」という建築様式だ。「せがい」とは船の艪《ろ》を漕ぐ所のこと。張り出した軒が似ているので、そう呼ばれている。正面の本館から続く木造の宿泊棟も、昔ながらのガラス窓が美しい。なんとも懐かしく、癒やされる風景だ。

「国道から離れた雑木林の中なので、みなさん、この静かな環境を気に入ってくださいます。シダのように見えるのは、すべてコゴミですよ」と3代

目主人の石橋秀樹さんがロビーから指さした裏庭には、フキやミョウガ、タラノメなどの山菜が、のびのびと育っていた。都会人には、この上もない贅沢《ぜいたく》な空気と時間を感じることだろう。

昭和44年に赤谷湖で売店を営んでいた主人の祖母が、この地にあった旅館を買い取り営業を始めた。同62年に現在の建物にリニューアルし、屋号もそれ以前の「ホテル本伝」から「湯豆《ゆず》のやど　本伝」と一新した。〝湯豆〟とは、温泉と大豆を意味している。猿ヶ京の自然から作られる良質の大豆と谷川岳から流れる冷たく清らかな水から作り出すオリジナルの味噌は、代々女将《おかみ》に受け継がれてきた伝統の味。名物の「みそ焼き」をはじめ、味噌を使った料理が自慢だ。

そして何より特筆すべきは、内風呂と露天風呂で異なる2つの源泉が引かれていること。ともに無色透明だが、微妙に泉質が異なり、その肌触りの違いを感じとってみるのも温泉好きには一興である。

■源泉名：猿ヶ京温泉 1号井戸と2号井戸の混合泉、村有1号　■湧出量：560ℓ／分　測定せず（動力揚湯）　■泉温：55.1℃ 59.7℃　■泉質：ナトリウム・カルシウム－硫酸塩・塩化物温泉、カルシウム・ナトリウム－硫酸塩・塩化物温泉　■効能：動脈硬化症、切り傷、やけど、慢性皮膚病ほか　■温泉の利用形態：加水あり、加温なし、完全放流式（内風呂）　加水なし、加温あり、循環ろ過式（露天風呂）

宿自慢

先代の主人が惚れ込んで、わざわざ有田焼の窯元まで行って買い求めた直径約1メートルの大皿。現在は会食場の床の間に飾られている。

猿ヶ京温泉　湯豆のやど 本伝

〒379-1403　群馬県利根郡みなかみ町猿ヶ京温泉1180　TEL.0278-66-0321　FAX.0278-66-0177

電車：上越新幹線、上毛高原駅またはJR上越線、後閑駅からバス（約25～30分）で終点「猿ヶ京」下車。宿泊送迎あり。
車：関越自動車道、月夜野ICより約20分。

■客室：18部屋　■収容人数：80人　■内風呂：男1・女1　■露天風呂：男1・女1　■宿泊料金：1泊2食13,800円～　■日帰り入浴：可

野天風呂の中から駒形岩を昇る満月を仰ぐ

猿ヶ京温泉「長《ちょう》生《せい》館《かん》」

まず、ロビーからの絶景に息をのんだ。湖に注ぐ赤谷川の渓谷から谷川連山までが、大パノラマで広がっていた。

「この景色が、うちの一番の売りなんです。手前にそびえる奇妙な形をした山が、十二社ノ峰です」と教えてくれたのは4代目主人の生津淳一さんだった。確かに、不思議な山容をしていた。幾重にも蛇腹のように峰が重なり合っている。

「昔、あの辺に、うちはあったんですよ」と、生津さんは上流のカッパ広場あたりを指さした。

長生館の創業は昭和8年。赤谷湖に沈んだ旧湯島温泉にあった3軒のうちの1軒だった。地元では、旧笹の湯温泉の1軒を加えて、〝旧四軒〟と呼んでいる。昭和33年に長生館は、他の3軒とともに現在の場所に上がり、新たな温泉地を造った。現在、うち2軒は廃業してしまっている。

部屋へ通されて、また驚いた。今度は窓の外に巨大な岩山がそびえていたのだ。なんでも、馬が俵《たわら》を担いだ形に見えることから「駒形岩」と名付けられているらしい。そして、その中腹からは落差100メートルはありそうな見事な滝が渓谷へと流れ落ちている。名のない幻の滝で、この時季（3月～

■源泉名：猿ヶ京温泉　共有泉湯島　■湧出量：測定せず(動力揚湯)　■泉温：55.5℃　■泉質：カルシウム・ナトリウム－硫酸塩温泉　■効能：神経痛、筋肉痛、関節痛、五十肩、運動まひ、慢性消化器病ほか
■温泉の利用形態：加水なし、加温なし、完全放流式

5月)にしか見ることができないという。

浴衣に着替えて、さっそく名物の野天風呂へ。玄関からサンダルに履き替えて屋外へ。下へ下へと渓谷へ向かって下りて行く。前方に、大きな池が見えてきた。いや、湯けむりが上がっているところをみると、これが野天風呂のようだ。これほどの湯舟を源泉かけ流しにできるには、相当の湯量と泉温が必要だ。湯元でなければ到底できない贅《ぜい》沢《たく》である。

湯の中からも駒形岩が見えた。丸いおぼろの月が、ちょうど山のてっぺんまで昇っていた。月見風呂とは、なんとも風流な夜である。

宿自慢

平成22年、４代目社長の就任を祝って地元の指物師、田村廣氏より贈られた和だんす。ケヤキ材うるし塗りの一点物だ。２階のエレベーター前に展示されている。

猿ヶ京温泉　湯元 長生館

〒379-1403　群馬県利根郡みなかみ町猿ヶ京温泉1178　TEL.0278-66-1131　FAX.0278-66-1135

電車：上越新幹線、上毛高原駅またはJR上越線、後閑駅からバス(約25～30分)で終点「猿ヶ京」下車。宿泊送迎あり。
車：関越自動車道、月夜野ICより約20分。

■客室：30部屋　■収容人数：150人　■内風呂：男1・女1　■露天風呂：男1・女1　■宿泊料金：１泊２食 8,000円～　■日帰り入浴：可

炭火のぬくもりと満天の星に抱かれて

◆猿ヶ京温泉「三河《み》河《かわ》屋《や》」

国道沿いに明かりを灯《とも》す漆《しっ》喰《くい》の宿。三河屋と書かれたちょうちんの光が、ほんのりと白壁を照らしていて、なんとも風情がある。玄関をくぐり、帳場へ上がれば、囲《い》炉《ろ》裏《り》に炭火が揺れている。

「ようこそお越しくださいました。ごゆっくりしてください」と、2代目主人の生津直喜さんが出迎えてくれた。先代がこの地でそば屋を商っていたため、高校卒業後に修業へ。そば屋を継ぐ気はなかったので、洋食の道へ進んだ。19年前、30歳の時に猿ヶ京温泉にもどり、そば屋の地続きに旅館をオープンさせた。

「最初は洋食を出していたんですが、お客さまが温泉旅館

に求めているものを探っていくと、結局のところ日本人は和食にたどり着くんですね。それも素朴な食材を使った田舎料理です」

3年前、そば屋だったスペースを改装して炭火ダイニング「炉庵」をオープンさせた。その土地の風土に合った食材を提供したいという思いから、自家農園で野菜を作り、他の食材も地産地消にこだわっている。シイタケ、カボチャ、エリンギ、ピーマン、鶏肉、豚肉、牛肉と時間をかけて炭火で焼きながら、ゆっくりと過ごす夕げのひととき……。イワナの刺し身やニジマスの塩焼きに、思わず日本酒の杯も進んでいく。あえて海のものを出さず、山と里のものに徹した素朴な味に心が癒やされる。

これが田舎料理の温かさなのだ。

浴室は、大きな丸太を組んだ湯小屋風。床が畳張りというのも凝っている。内風呂から露天風呂へ。ピーンと張った冷気を全身に感じながら、ゆっくりと湯の中へ。仰ぎみれば、夜空を覆いつくす満天の星。こんなにたくさんの星を眺めるのは、いったい何年ぶりだろうか。そう思っただけで、懐かしさが込み上げてきた。

■源泉名：猿ヶ京温泉　町有1号泉
■湧出量：測定せず（動力揚湯）■泉温：59.7℃
■泉質：カルシウム・ナトリウム－硫酸塩・塩化物温泉 ■効能：切り傷、やけど、慢性婦人病、動脈硬化症、慢性皮膚病ほか ■温泉の利用形態：加水なし、季節により加温あり、循環ろ過

宿自慢

改築の際に蔵の中から出てきた骨《こっ》董《とう》品。先祖が使っていた農機具やタンス、着物、ひな人形などが山ほどあったが、今はわずかに残った品が館内にディスプレーされている。

猿ヶ京温泉　三河屋

〒379-1403 群馬県利根郡みなかみ町猿ヶ京温泉155　TEL.0278-66-0172　FAX.0278-66-1017

電車：上越新幹線、上毛高原駅またはJR上越線、後閑駅からバス（約25～30分）で「関所跡」下車。すぐ前。
車：関越自動車道、月夜野ICより約20分。

■客室：10部屋　■収容人数：30人　■内風呂：男1・女1　■露天風呂：男1・女1　■貸切風呂：1
■宿泊料金：1泊2食 10,500円～　■日帰り入浴：可

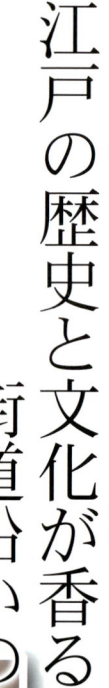

江戸の歴史と文化が香る 街道沿いの旅人宿

◆猿ヶ京温泉「旅籠屋《はたごや》丸一《まるいち》」

格子の門をくぐると、見事なしだれ桜が出迎えてくれた。その艶やかさに、一瞬にして旅装は解かれていく。石祠が並ぶ石畳の道を歩くと左手に茶室、右手に湯屋が現れた。庭園内には、あずま屋が配されている。あたかも時代劇のオープンセットの中にいるような錯覚に陥ってしまう。

創業は江戸時代、享保年間というから約３００年も昔のことだ。当時は「丸一屋」と呼ばれていた。同館の過去帳にも一代目林友右ェ門の名が残されている。

「この地は、越後から米や塩を持ってくる人と、江戸からそれを買い付けに来る人たち

■源泉名：猿ヶ京温泉　町有1号泉　■湧出量：測定せず（動力揚湯）　■泉温：56.5℃　■泉質：カルシウム・ナトリウム－硫酸塩・塩化物温泉　■効能：高血圧、動脈硬化症、リウマチ性疾患、痛風、尿酸素質、創傷ほか　■温泉の利用形態：季節により加水あり、季節により加温あり、放流・循環併用

の合流地点だったため、本陣を置くほど往来の激しい場所だったということです」と、歴史を語ってくれたのは15代目主人の窪田一生さん。主人の母方が、ここで代々旅籠を商っていたという。

　話によれば、先ほどの湯屋は7代目友七が明治4年に建てた蔵を解体し、その古材で造られたものだった。蔵の礎に使われた石を敷いた土間、高い天井の梁《はり》、昔ながらの手法で塗り込めた白壁、年季の入った箱階段、化粧直しした長持ちなどが昔の姿そのままにある。何よりも目を奪われるのが、江戸の絵師「紫峯《しほう》」の描いた6枚の屏風《びょうぶ》絵だ。本館に展示されている「文晁《ぶんちょう》」の山水画といい、幕末の三舟（勝海舟、高橋泥舟、山岡鉄舟）や伊藤博文の書といい、館内がまるで歴史資料館のようである。これらは、すべて7代目のコレクションだという。

　離れに部屋を取り、浴衣に着替えて、ふたたび湯屋の「蔵の湯」へと向かった。ヒノキの香りが漂う湯の中で、時の流れをさかのぼりながら江戸の昔へ思いをはせていた。

宿自慢

「蔵の湯HAYASHI」の文字は、先代女将が13代続いた林家の名を残すために書いたもの。入り口上の看板は、主人の妹の作。ともに歴史を継ぐ思いが込められている。

猿ヶ京温泉　旅籠屋　丸一

〒379-1403　群馬県利根郡みなかみ町猿ヶ京温泉199　TEL.0278-66-0066　FAX.0278-66-0497

電車：上越新幹線、上毛高原駅またはJR上越線、後閑駅からバス（約25～30分）で終点「猿ヶ京」下車。徒歩約１分。
車：関越自動車道、月夜野ICより約20分。

■客室：10部屋　■収容人数：30人
■内風呂：男１・女１　■露天風呂：男１・女１
■貸切風呂：4　■宿泊料金：1泊2食 9,975円～

体の芯から温まる天然温泉とラジウム軟水風呂

◆猿ヶ京温泉「別《べっ》館《かん》 万《まん》葉《よう》亭《てい》」

赤谷湖を囲む山々を借景として、白と黒を基調としてたたずむ純和風旅館。昭和63年に「旅籠《はたご》屋　丸一」の別館として建てられた万葉亭は、気品に満ちていて実におごそかである。その外観からだろうか、高級旅館だと思われている人も多いようだが、これがいたってリーズナブルだ。

「うちは本館も別館も統一料金です。いい物が高いのは当たり前、いい物をいかに安く提供するかが旅館業の基本です。コストパフォーマンスの効率を第一に考えています」と、15代目主人の窪田一生さん。

それゆえ、温泉旅館では珍しいセルフサービス方式を取り入れている。食後の片付け、布団の上げ下げは、お客自身が

行う。そのぶん一度部屋に入ってしまえば、従業員が客室を訪れることもないので、完全にプライバシーが保たれる。何よりもチェックアウトまで、布団の中でグダグダとのんびりしていられるのが良い。

　本館の「蔵の湯」も利用できるが、別館には4つの貸切風呂がある。2つは天然温泉を引いた「万葉の湯」、あとの2つは遠赤外線ラジウム軟水風呂の「赤の湯」と「黒の湯」だ。なんでも水にこだわる先代が、猿ヶ京の水が全国でも良質の軟水であることにヒントを得て、遠赤外線のラジウム線を放出する岐阜県恵那産の麦飯《ばくはん》石《せき》をタイルにして浴槽の内側に張ったのだという。これが今、体の芯《しん》から温まると人気を呼んでいる。

　最初は「なんだ、人工温泉か」と高をくくっていたが、その即効性の速さに驚いた。ピリピリっと軽い刺激を肌が感じたと思うと、やがてカーッと全身が熱を帯びてきた。ジンジンと体の中から温められているのが分かる。これは癖になるかもしれない。寝しなに、もう一度、入ることにした。

■源泉名:猿ヶ京温泉　町有1号泉 ■湧出量:測定せず(動力揚湯) ■泉温:56.5℃ ■泉質:カルシウム・ナトリウム－硫酸塩・塩化物温泉 ■効能:高血圧、動脈硬化症、リウマチ性疾患、慢性胆のう炎、慢性便秘ほか ■温泉の利用形態:季節により加水あり、季節により加温あり、循環ろ過

宿自慢

3つの棟からなる旅館全体のフォルムが、背後の山並みと合わせて建てられている。猿ヶ京の自然に惚れ込んだ先代が自らデザインした、こだわりの景観美！

猿ヶ京温泉　別館　万葉亭

〒379-1403 群馬県利根郡みなかみ町猿ヶ京温泉205　TEL.0278-66-0066　FAX.0278-66-0497

電車:上越新幹線、上毛高原駅またはJR上越線、後閑駅からバス(約25～30分)で終点「猿ヶ京」下車。徒歩約2分。
車:関越自動車道、月夜野ICより約20分。

■客室:8部屋 ■収容人数:24人 ■内風呂:男1・女1 ■露天風呂:男1・女1 ■貸切風呂:4 ■宿泊料金:1泊2食 9,975円～

高原の風を感じる温泉付きコテージの宿

◆猿ヶ京温泉「ロッジガルニ」

赤谷湖へ向かって、ゆるやかな坂道を下ると右手に、温泉地には似つかわしくない山小屋風の木造建築が現れた。部屋数の煙突が6本、ニョキニョキと伸びている。道をはさんだ向かいにはテニスコートが見える。その隣には、テラスが付いたレストラン。あたかも、ここだけ高原の避暑地へ迷い込んだ錯覚に陥る。

　ガルニとは、フランス語で安宿の意味だという。そう教えてくれたのは先代主人の窪田金嘉さん。昭和48年に、テニ

■源泉名:猿ヶ京温泉　町有1号泉
■湧出量:測定せず(動力揚湯) ■泉温:56.5℃
■泉質:カルシウム・ナトリウム－硫酸塩・塩化物温泉 ■効能:動脈硬化症、リウマチ性疾患、通風、創傷ほか ■温泉の利用形態:季節により加水あり、季節により加温あり、完全放流式・循環ろ過

ス合宿のできるロッジを建てたのが始まりだった。その後、「旅籠《はたご》屋　丸一」「別館　万葉亭」と本格的な旅館の経営を手がけた。現在の建物は、25年前に建て替えたもの。宿泊棟とレストラン棟、浴室棟が独立している。

宿泊棟は全室2階建てのメゾネットタイプ。1階のリビングにはソファ、テーブル、暖炉、キッチンがあり、ユニットバスが完備されている。2階は琉球畳が敷かれた寝室。ロッジならではの木のぬくもりと、吹き抜けのある開放的な空間は、家族連れやグループでの利用に適している。

極めつけは、浴室棟だ。いや、湯屋と呼ぶほうが、ふさわしい風情がある。高床式の湯屋へは、いったん屋外へ出てから渡り廊下のような木造のスロープを上る。浴室には、温度の異なるヒノキの升風呂と自然石に囲まれた岩風呂がある。ぬるめの升風呂で体を慣らしてから、源泉かけ流しの岩風呂へと移動した。源泉の温度は約56度。季節によっては加水をしているようだが、それでも熱めの湯がふんだんに注がれていた。

開け放された窓からは、ときおり湖を渡ってきた涼やかな風が入り込んでくる。湯上がりは、風をもらいに散歩へ出かけることにした。

宿自慢

レストランの壁一面に飾られた前橋市在住の水彩画家、久保繁氏の作品の数々。父で洋画家の故・久保繁造氏の油絵とともに、先代主人のコレクション。

猿ヶ京温泉　ロッジガルニ

〒379-1403 群馬県利根郡みなかみ町猿ヶ京温泉216 TEL.0278-66-0494 FAX.0278-66-1354

電車:上越新幹線、上毛高原駅またはJR上越線、後閑駅からバス(約25～30分)で終点「猿ヶ京」下車。徒歩約2分。
車:関越自動車道、月夜野ICより約20分。

■客室:6部屋 ■収容人数:24人
■内風呂:男2・女2 ■サウナ:男1・女1
■宿泊料金:1泊2食 9,600円～

静寂の露天から神秘色の湖面を望む

◆猿ヶ京温泉「美《み》國《くに》荘《そう》」

国道から入り込むと、細道はそのまま湖へ向かった。断崖絶壁のてっぺんで、行き止まり。静けさの中に、一軒の旅館が建っている。

「家族だけでやっているものですから、融通が利くのだけが取りえのような宿です」と2代目主人の中島修さん。

昭和40年に、水上温泉で旅館経営をしていた祖父が旧「みくに荘」を買い取り、父親が脱サラをして経営を始めた。当時は高度成長期の真っ只中。三国峠を越えた苗場スキー場へ行くスキー客で、ここ猿ヶ京温泉は隆盛を極めていた。

「昔は国道17号しかなかったから、新潟へ行く人はみんなこの道を通った。関越自動車道が抜けてから人の流れが変

わってしまった」と言うが、それでも宿泊客の7割はリピーターという。主人が信条としている"コミュニケーション"の賜《たま》物《もの》だろう。「一緒にお茶を飲んで世間話をすれば、おのずと、お客さんが何をうちに求めているかが分かります」と時代に迎合せず、あくまでも自分流の接客を貫いている。

一時は教師の道を目指したが、家族の要望もあり24歳で旅館に入った。「美國荘」と改名したのには理由がある。「字画の先生に旅館名を見てもらったら、ひらがな名は父の代には良いが、私にはこの漢字名がふさわしいと名付けてもらった」とのこと。その名の通りの絶景が私を待っていた。

湖面に突き出た石造りの露天風呂は、ただただ静寂に包まれていた。一切の人工音は届かず、聞こえてくるのは、ときおり風に揺れる葉ずれのささやきだけだ。木々の間から望む湖の色は、深いエメラルドグリーン。相まって真紅のモミジが、惜しむ秋に彩りを添えていた。

■源泉名：猿ヶ京温泉　町有1号泉 ■湧出量：測定せず（動力揚湯） ■泉温：59.7℃ ■泉質：カルシウム・ナトリウムー硫酸塩・塩化物温泉 ■効能：切り傷、やけど、慢性皮膚病、胃腸病、動脈硬化症ほか ■温泉の利用形態：加水なし、季節により加温あり、放流一部循環併用

宿自慢

先代の主人が、創業当時から大切に育ててきた「金のなる木」。現在、玄関ロビーと2階の廊下に3鉢が置かれている。

猿ヶ京温泉　美國荘

〒379-1403 群馬県利根郡みなかみ町猿ヶ京温泉216　TEL.0278-66-0555　FAX.0278-66-0556

電車：上越新幹線、上毛高原駅またはＪＲ上越線、後閑駅からバス（約25～30分）で終点「猿ヶ京」下車。徒歩約１分。
車：関越自動車道、月夜野ＩＣより約20分。

■客室：11部屋 ■収容人数：55人 ■内風呂：男1・女1 ■露天風呂：男１・女1 ■宿泊料金：１泊２食7,500円～ ■日帰り入浴：可

八幡さまが願いを叶える座敷わらしの宿

◆猿ヶ京温泉「生寿苑《しょうじゅえん》」

「昔、旅の夫婦が大きな空き家に、一夜の宿を借りてから、そこに男の子が現れるようになったそうです。奥さんが、その男の子と遊んであげると、男の子は『奥の座敷の床下を掘ってください』と言ったそうです。言われたとおり夫婦が掘ってみると、なんとそこには大判小判の入った金瓶が埋まっていました。その後、夫婦はその家で暮らすようになり、座敷わらしに似た可愛い男の子をもうけ、末永く幸せに暮らしたそうです。」

（猿ヶ京温泉の民話「座敷わらしの家」より）

「**私**は、その夫婦から数えて19代目になります。今で

も時々、座敷わらしが現れるんですよ」と、宿としては2代目となる生津秀樹さんは、いたずら小僧のような目で笑った。「えっ、どの部屋に現れるんですか?」と訊ねると、「いろいろです。廊下で遊ぶ姿が多いですかね」と言葉が返ってきた。ならば、今夜は寝ずの番をして待つことにしよう。

生津家は、代々この地で養蚕農家を営んでいた。昭和52(1977)9月、先代が桑畑に古民家を移築して、団体客中心の大衆旅館を始めた。平成10年、「猿ヶ京にない旅館にしたい」と秀樹さんが、庭園を眺める現在の平屋造りの旅館にリニューアルした。

その佇まいは、まるで切り絵の世界だ。城郭を思わせる巨石が積まれた石垣、時代劇のオープンセットのような大門をくぐり、中庭へ入ると出迎えてくれる母屋は田舎の民家を訪ねたようで、とても懐かしい気持ちにしてくれる。ここならば、何百年と座敷わらしが住み着いていても不思議ではない。

湯床に天然石が敷きつめられた内風呂の浴槽に身を沈めながら、昼間、主人と交わした言葉を思い出していた。座敷わらしを見た人は、幸運が舞い込んでくるという。

■源泉名:猿ヶ京温泉　町有1号泉
■湧出量:測定せず(動力揚湯) ■泉温:59.7℃
■泉質:カルシウム・ナトリウム－硫酸塩・塩化物温泉 ■効能:神経痛、筋肉痛、関節痛、五十肩、運動まひ、冷え性ほか ■温泉の利用形態:加水あり、加温あり、循環ろ過

宿自慢

大門の前にある、伝説の金瓶を祀《まつ》った八幡さま。敷地内から出土した鳥居に、しめ縄が張られている。拝むと宝くじが当たると言われている。

猿ヶ京温泉　生寿苑

〒379-1403　群馬県利根郡みなかみ町猿ヶ京温泉1048　TEL.0278-66-1175　FAX.0278-66-0487

電車:上越新幹線、上毛高原駅またはJR上越線、後閑駅からバス(約25～30分)で終点「猿ヶ京」下車。徒歩約3分。※各駅からの宿泊送迎あり。
車:関越自動車道、月夜野ICより約20分。

■客室:13部屋 ■収容人数:40人 ■内風呂:男1・女1 ■露天風呂:男1・女1 ■貸切風呂:2
■宿泊料金:1泊2食 13,000円～

自家農園から届く 山の幸に心も体も喜んだ

◆猿ヶ京温泉「旅籠《はたご》 しんでん」

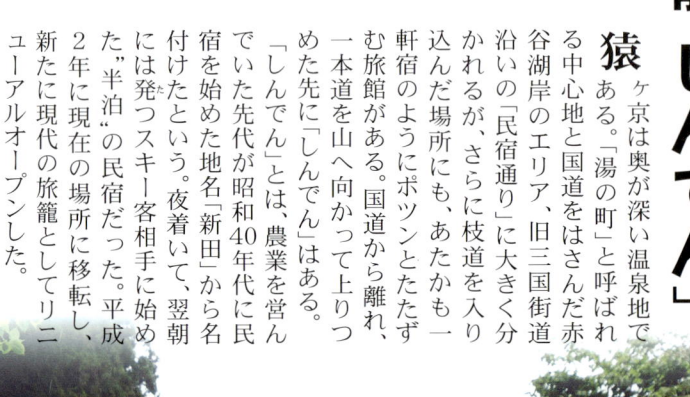

猿ヶ京は奥が深い温泉地である。「湯の町」と呼ばれる中心地と国道をはさんだ赤谷湖岸のエリア、旧三国街道沿いの「民宿通り」に大きく分かれるが、さらに枝道を入り込んだ場所にも、あたかも一軒宿のようにポツンとたたずむ旅館がある。国道から離れ、一本道を山へ向かって上りつめた先に「しんでん」はある。

「しんでん」とは、農業を営んでいた先代が昭和40年代に民宿を始めた地名「新田」から名付けたという。夜着いて、翌朝には発《た》つスキー客相手に始めた〝半泊〟の民宿だった。平成2年に現在の場所に移転し、新たに現代の旅籠としてリニユーアルオープンした。

「家族だけでやっている宿で

■源泉名：猿ヶ京温泉　町有1号泉 ■湧出量：測定せず（動力揚湯） ■泉温：61.0℃ ■泉質：カルシウム・ナトリウム－硫酸塩・塩化物温泉 ■効能：神経痛、筋肉痛、関節痛、五十肩、関節のこわばり、冷え性ほか ■温泉の利用形態：加水なし、加温あり、循環ろ過

すから特別なことはできませんが、その分、心を込めた手作り料理で、お客様をお迎えしています」と2代目女将《おかみ》の林律子さん。ご主人と大女将、娘さん夫妻とともに切り盛りをしている。宿の自慢は、なんと言っても自給自足による田舎料理にある。ジャガイモ、ネギ、トマト、ナス、キュウリ、白菜、大根などの野菜からミョウガやフキ、ワラビなどの山菜にいたるまで、すべてが自家農園で栽培されている。

「畑仕事は、私の担当。体を動かすことが好きだから、気分転換に作っているのよ。でも米作りとそば打ちは主人の担当。両方とも、うちの人気メニューだからね」と出てきたそばは、見るからに黒くて太くて田舎風。地元猿ヶ京で育てられたそばは、芳ばしく香りが違う。コシが強く、噛《か》めば噛むほど風味が口の中いっぱいに広がった。この味に惚れ込んで常連になった客がいるというのも、うなずける。

湯上がりに、そば。これは、なかなか乙なものである。

宿自慢

先代の後を継いで3年前から、ご主人の真一さんが丹精込めて毎年作っている「ひとめぼれ」。猿ヶ京の空気と水が育てた米は、ひと味もふた味も違うと評判だ。

猿ヶ京温泉　旅籠 しんでん

〒379-1403 群馬県利根郡みなかみ町猿ヶ京温泉1528　TEL.0278-66-0205　FAX.0278-66-0206

電車：上越新幹線、上毛高原駅またはJR上越線、後閑駅からバス（約25分～30分）で終点「猿ヶ京」下車。宿泊送迎あり。
車：関越自動車道、月夜野ICより約20分。

■客室：13部屋 ■収容人数：60人 ■内風呂：男１・女１ ■露天風呂：男１・女１ ■宿泊料金：1泊2食 8,550円～ ■日帰り入浴：可

懐かしい空間と気さくな笑顔に迎えられて

◆猿ヶ京温泉「温泉《おんせん》民宿《みんしゅく》 気楽《きらく》や」

緑色の屋根瓦に白壁の蔵造り。右から左へ「懐古館」と書かれた看板があがっている。覗《のぞ》き込めば、水墨画や掛け軸、古銭、古文書など、この地で12代続く田村家に残る品々が展示されていた。こちらは、平成6年に敷地内に建てられた資料館だった。民宿は、その隣。

玄関では、赤々と薪《まき》ストーブの火が燃えている。出迎えてくれたのは女将《おかみ》の田村とみ子さん。「肩ひじ張らず、自分のうちに帰ったと思って、気

楽に過ごしてほしいから『気楽や』なのよ」そう言って笑いながら、漬物をすすめてくれた。

女将は旧伊香保町の出身。実家は温泉街で食料品や雑貨を売る店をやっていた。だから「小さい時から客商売が好きだった」という。この地区に温泉が引かれたことを機に、昭和52年4月、念願の民宿を始めた。「そのために自動車の運転免許も調理師免許も取ったんだからさ」と、嬉しそうに話す。

とにかく名前どおりの気楽さが、いい。素泊まりOK、飲食の持ち込みもOK。さらに1泊朝食のプランには、夜食にうどんが付いている。学生や若い客が多いのも、むべなるかな。

さて、風呂へ入ろうかと、浴室へ向かおうとすると「うちは地主だからさ、『いこいの湯』も利用できるんだよ」と言って、「気楽や」と書かれた木の札を貸してくれた。「いこいの湯」とは、隣の共同浴場である。これは、ありがたい。一度、入ってみたかった外湯である。すぐに、訪ねることにした。

もうもうと上がる湯気、ザバサバとあふれ出す湯。他に客は、誰もいない。キーンとしみ入る熱めの湯を、ひとりじめする至福の時を味わった。

■源泉名：猿ヶ京温泉　町有1号泉 ■湧出量：測定せず（動力揚湯） ■泉温：59.7℃ ■泉質：カルシウム・ナトリウム－硫酸塩・塩化物温泉 ■効能：神経痛、関節痛、慢性皮膚病、やけど、切り傷、胃腸病ほか ■温泉の利用形態：加水なし、加温なし、完全放流式

宿自慢

懐古館の中にある大囲炉裏。上州おっきりこみうどん、すいとん、まんじゅう、抹茶など、昔ながらの囲炉裏を囲んで田舎料理の体験ができる。

猿ヶ京温泉　温泉民宿　気楽や

〒379-1403 群馬県利根郡みなかみ町猿ヶ京温泉357　TEL.0278-66-0221　FAX.0278-66-0309

電車：上越新幹線、上毛高原駅またはJR上越線、後閑駅からバス（約25～30分）で終点「猿ヶ京」下車。徒歩約5分。
車：関越自動車道、月夜野ICより約20分。

■客室：5部屋　■収容人数：20人　■内風呂：男1・女1　■共同浴場：1（宿泊者無料）　■宿泊料金：1泊2食 5,500円～　1泊朝食（夜食付き） 4,500円　素泊まり1泊 3,500円

汗を流す若人の声が山あいに響く温泉民宿

◆猿ヶ京温泉「スポーツ民宿《みんしゅく》 ふじや」

その昔、上杉謙信も通ったという旧三国街道。江戸時代には参勤交代の行列が通った宿場通りだ。国道が抜けた現在は「民宿通り」と名を変えて、かつての面影を所々に残す風情ある町並みが続いている。この通りの一番西の奥に、白壁と格子窓が旅籠《はたご》の雰囲気をかもし出す「民宿ふじや」がある。

「父は勤め人でしたから、当時は養蚕農家をやっていた母が、民泊を始めました。夜着いて朝には出かけて行くスキー客相手に、この辺の農家はみんな民泊をやっていました」と、2代目主人の林一彦さんは宿の歴史を話しだした。

昭和46(1971)年、かやぶき屋根の民家を解体して、現在の民宿を建てた。スキーブームが去った後は、都会の学生たちのために体育館を建て、スポーツ合宿のできる温泉宿として営業を続けてきた。やがて時代はバブル期を迎えた。帰郷して実家へ戻った一彦さんは、ある決断を下す。

「民宿から旅館へ転身した宿もあります。露天風呂を造り、設備投資する宿もありました。でも私は長年、お袋と学生たちのやり取りを見て育ちましたから迷うことなく、うちは

その分をスポーツ施設の建築費に回したんです。この決断は、今でも間違っていなかったと思っています」と敷地内に、新たに2棟の体育館を建てた。現在でも夏になると東京や埼玉方面からバスケットボール、バレーボール、バドミントン、卓球、柔道、剣道などの合宿で、大勢の高校生や大学生が汗を流しにやって来る。

「学生の頃に合宿で来たことのある人が、大人になってから家族を連れて来られることがあります。そんなとき『ああ、スポーツ民宿を続けていて良かった』と心から思えるんですよ」と、嬉しそうに笑った。

■源泉名：猿ヶ京温泉　町有1号泉　■湧出量：測定せず（動力揚湯）　■泉温：59.7℃　■泉質：カルシウム・ナトリウム－硫酸塩・塩化物温泉　■効能：神経痛、関節痛、筋肉痛、やけど、切り傷、慢性皮膚病ほか　■温泉の利用形態：加水なし、加温なし、放流・循環併用式

宿自慢

学生たちから宿に贈られた色紙の山。思い思いの感謝の言葉が寄せ書きされている。「毎年、学生たちに会えるのが何よりの楽しみ」と主人は言う。

猿ヶ京温泉　スポーツ民宿 ふじや

〒379-1403 群馬県利根郡みなかみ町猿ヶ京温泉876　TEL.0278-66-0296　FAX.0278-66-0486

電車：上越新幹線、上毛高原駅またはJR上越線、後閑駅からバス（約25〜30分）で終点「猿ヶ京」下車。徒歩約7分。※送迎バスあり（要予約）。
車：関越自動車道、月夜野ICより約20分。

■客室：12部屋　■収容人数：60人　■内風呂：男1・女1　■宿泊料金：1泊2食 6,800円〜

オリジナルソングが流れる現代の旅籠

◆猿ヶ京温泉「吉《きっ》長《ちょう》」

赤谷湖を過ぎ、国道から離れ旧三国街道へ入ると、風景は一変する。所々に宿場の名残を見せる落ち着いた街並みが続く、「民宿通り」と呼ばれるエリア。「旅籠《はたご》　吉長」は西の端、ちょうど国道と民宿通りの中間に建つ、純和風の旅館だ。その佇まいに、たどり着いた喜びを感じる。まさに現代の旅籠である。

「素人が始めた宿ですから、とにかく無我夢中で今日までやってきました。おかげさまで、口コミで旅館の名が広まり、都会のお客さまが通って来てくださいます」と、ご主人の永田充さん。生まれも育ちも猿ヶ京だが、長いこと東京の会計事務所で働いていた。昭和50年から故郷にもどり温泉関

係の仕事をしていたが、平成7年に一念発起をして旅館をオープンさせた。

「私の祖父が繁吉で、父が長次郎。2人から一文字ずつもらって『吉長』。吉長は、音で"吉兆"に通ずるから縁起がいい名前だと思ってね」と、屋号の由来を話してくれた。

宿の自慢は、旬の食材をふんだんに使った料理だという。ならば食事の前に、ひと風呂浴びたい。ということで、さっそく浴衣に着替えて浴室へ。

内風呂で冷えた体を温めてから、露天風呂へ向かった。外は低気圧の通過により激しい風雨に見舞われていたが、小屋がけされていたので濡《ぬ》れることなく入浴することができた。雨の音、風の音、木々の葉ずれの音に耳を澄ましていると、どこからともなく歌が聴こえてきた。

♪吉長、吉長、吉長、吉長、あなたの旅籠です♪

オープン当時、作曲家の故・原秀夫先生が、ここを気に入って作ってくれた同館のオリジナルソングだという。聞けばタイトルは、そのものズバリ「吉長ソング」。何度も繰り返される「吉長、吉長……」のフレーズが、湯舟の中で聴いているうちに頭にこびり付いてしまった。その晩は、気がつくと知らず知らずうちに「吉長、吉長……」と口ずさんでいる自分がいた。

■源泉名：猿ヶ京温泉　町有1号 ■湧出量：測定せず（動力揚湯） ■泉温：56.5℃ ■泉質：カルシウム・ナトリウム－硫酸塩・塩化物温泉 ■効能：神経痛、筋肉痛、関節痛、五十肩、運動まひ、冷え性ほか

■温泉の利用形態：加水なし、加温なし、放流・循環併用

宿自慢

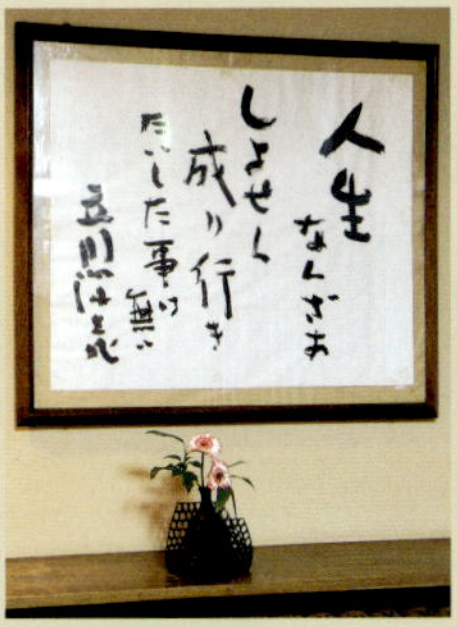

玄関に入ると客人を迎える「書」。落語家の故・立川談志がオープンの年に泊まり、当時小学生だった娘さんの習字の筆を借りて書いたもの。師匠らしい文言だ。

猿ヶ京温泉 旅籠 吉長

〒379-1403 群馬県利根郡みなかみ町猿ヶ京温泉906-4 TEL.0278-66-1515 FAX.0278-66-1516

電車：上越新幹線、上毛高原駅またはJR上越線、後閑駅からバス（約25～30分）で終点「猿ヶ京」下車。宿泊送迎あり。

車：関越自動車道、月夜野ICより約20分。

■客室：7部屋＋離れ1 ■収容人数：45人 ■内風呂：男1・女1 ■露天風呂：1（男女入替） ■宿泊料金：1泊2食 12,600円～ ■日帰り入浴：可（要予約）

猿ヶ京関所

猿ヶ京
関所資料館
猿ヶ京関所跡及役宅

紀行文
謝野晶子
館
法人
三国路

歴史と文学と民話の里

旧三国街道の宿場町、猿ヶ京に関所が置かれたのは寛永8（1631）年で、最初は沼田藩主の真田氏が管理していた。関守だった片野家の役宅が、そのまま『猿ヶ京関所資料館』として残され、関所を通過するための手形や関所付近の絵地図、旅人が持ち歩いた道中記などの貴重な資料が展示されている。

猿ヶ京には、若山牧水をはじめ多くの文人墨客が訪れている。歌人の与謝野晶子も、その一人。夫、鉄幹の死をはさんで昭和6年と14年に訪れている。『三国路与謝野晶子紀行文学館』では、恋にも、歌にも日常の生活にもひたむきに生きた晶子に関する、さまざまな資料や展示物が紹介されている。

また猿ヶ京は民話の里としても知られる。日帰り温泉施設「まんてん星の湯」の敷地内に併設された『民話と紙芝居の家』では、地元の語り手によって、猿ヶ京に昔から伝わる楽しい話、不思議な話など、心温まる懐かしい民話を聞くことができる。その他、日本初の「のぞきからくり」の再現や紙芝居の源流ともいわれている絵巻物などの資料も展示されている。

中村鷹丸
中村鷹丸

浜竜二さん江

三国館

湯の町に復活した大衆演劇の殿堂

　昔はどこの町にもあった芝居小屋は、交通網の発達とメディアの普及により、年々地方から姿を消していった。残念ながら現在、群馬県内で大衆演劇を観劇できる施設は、ここを含め2カ所しか残っていない。それゆえ、熱狂的なファンたちは遠方からもやって来て、涙あり笑いありの芝居と、豪華な舞踊ショーに酔いしれる。

　日帰り温泉施設「まんてん星の湯」に併設された「三国館」は、350人収容の多目的ホール。地域の文化活動の発表の場としても利用されているが、人気は大衆演劇の公演だ。ほとんど毎月、開催されている。

　三国館とは、昭和初期から同46（1971）年まで旧新治村内にあった芝居小屋の名前である。木造平屋建て出し梁《はり》造りの建物で、客席は桟敷席と2階席があった。旅の芝居一座が公演をし、演芸や映画の上映が催され、娯楽の少ない時代に村民のいこいの場として親しまれてきた。

　平成14（2002）年、「まんてん星の湯」の建設を機に、旧三国館の保存再生が検討されたが、耐久性の問題などからやむなく解体された。しかし旧三国館の柱の一部が、ホールの装飾柱として使用され、街道の娯楽と交流の場としての精神は、今も引き継がれている。

21	樋口	利根郡みなかみ町猿ヶ京温泉 1167	0278-66-1500	p62
22	猿ヶ京ホテル	利根郡みなかみ町猿ヶ京温泉 1171	0278-66-1101	p64
23	本伝	利根郡みなかみ町猿ヶ京温泉 1180	0278-66-0321	p66
24	長生館	利根郡みなかみ町猿ヶ京温泉 1178	0278-66-1131	p68
25	三河屋	利根郡みなかみ町猿ヶ京温泉 155	0278-66-0172	p70
26	旅籠屋 丸一	利根郡みなかみ町猿ヶ京温泉 199	0278-66-0066	p72
27	別館 万葉亭	利根郡みなかみ町猿ヶ京温泉 205	0278-66-0066	p74
28	ロッジガルニ	利根郡みなかみ町猿ヶ京温泉 216	0278-66-0494	p76
29	美國荘	利根郡みなかみ町猿ヶ京温泉 216	0278-66-0555	p78
30	生寿苑	利根郡みなかみ町猿ヶ京温泉 1048	0278-66-1175	p80
31	旅籠 しんでん	利根郡みなかみ町猿ヶ京温泉 1528	0278-66-0205	p82
32	温泉民宿 気楽や	利根郡みなかみ町猿ヶ京温泉 357	0278-66-0221	p84
33	スポーツ民宿 ふじや	利根郡みなかみ町猿ヶ京温泉 876	0278-66-0296	p86
34	吉長	利根郡みなかみ町猿ヶ京温泉 906-4	0278-66-1515	p88

一般社団法人　みなかみ町観光協会

〒379-1313 群馬県利根郡みなかみ町月夜野1744-1
TEL.0278-62-0401　FAX.0278-62-0402
URL http://www.enjoy-minakami.jp
e-mail:info@enjoy-minakami.jp

みなかみ18湯[上] 水上温泉・猿ヶ京温泉　宿一覧

水上温泉

1	きむら苑	利根郡みなかみ町 小日向 326	0278-72-5851	p16
2	水上館	利根郡みなかみ町 小日向 573	0278-72-3221	p18
3	山楽荘	利根郡みなかみ町 湯原 788	0278-72-6203	p20
4	松泉閣	利根郡みなかみ町 湯原 740	0278-72-3288	p22
5	天野屋旅館	利根郡みなかみ町 湯原 804	0278-72-2307	p24
6	だいこく館	利根郡みなかみ町 湯原 795	0278-72-3278	p26
7	米屋旅館	利根郡みなかみ町 湯原 800	0278-72-2367	p28
8	ひがきホテル	利根郡みなかみ町 湯原 701	0278-72-2552	p30
9	去来荘	利根郡みなかみ町 湯原 684	0278-72-6311	p32
10	水上ホテル聚楽	利根郡みなかみ町 湯原 665	0278-72-2521	p34
11	松乃井	利根郡みなかみ町 湯原 551	0278-72-3200	p36

猿ヶ京温泉

12	ホテルシャトウ猿ヶ京　咲楽	利根郡みなかみ町 相俣 248	0278-66-1151	p44
13	高原ハウス	利根郡みなかみ町 相俣 243-5	0278-66-0090	p46
14	小野屋八景苑	利根郡みなかみ町 相俣 76	0278-66-0166	p48
15	野の花畑	利根郡みなかみ町猿ヶ京温泉 107	0278-66-0641	p50
16	ホテル湖城閣	利根郡みなかみ町猿ヶ京温泉 121	0278-66-1021	p52
17	温泉農家民宿 はしば	利根郡みなかみ町猿ヶ京温泉 1093	0278-66-0153	p54
18	宮野旅館	利根郡みなかみ町猿ヶ京温泉 1285	0278-66-0648	p56
19	仁田屋	利根郡みなかみ町猿ヶ京温泉 1143	0278-66-0114	p58
20	ライフケア猿ヶ京	利根郡みなかみ町猿ヶ京温泉 1219-3	0278-66-0612	p60

宿の数だけ温泉の物語がある

ここ数年、企業や団体から研修会という名目で、温泉をテーマに講演やセミナーを頼まれることが多くなった。その席で、私がまず最初に話すことが「温泉」と「温泉地」の違いについてである。

「温泉」とは、湧き出る源泉や温泉地名、入浴施設などを指す幅広い意味を持っていること。これに対して「温泉地」は、〝宿泊施設のある温泉〟であることを説明する。だから、たった1軒しか宿がなくても1つの温泉地であり、何十軒と宿があっても1つの温泉地ということになる。

私は10数年前から、一軒宿や数軒の宿しかない小さな温泉地に興味を持ち、取材と執筆活動を続けてきた。小さな温泉地には、大きな温泉地にはない、湯治場本来の魅力が今も残されていると感じるからである。また源泉の一つ一つに、昔ながらに湯を守る〝湯守《ゆもり》〟がいる姿にも心を惹《ひ》かれた。

昨年、縁があり、群馬の4大温泉地の1つである四万《しま》温泉をじっくりと取材する機会をいただいた。約1年間をかけて、全37軒の宿すべての湯に入り、主人や女将《おかみ》から話を聞いて書き上げた本が、前著の『あなたにも教えたい　四万温泉』(上毛新聞社)である。このとき私は、ひと口で温泉地と言っても、宿の数だけ温泉の物語があることを知った。

「○○温泉に行ったことがある」と、一度行っただけで、その温泉地を知ったような気になるが、それは、その温泉地のほんの一部を垣間見ただけに過ぎないということだ。○○温泉には、大きなホテルから小さな民宿まである。外湯と呼ばれる共同浴場もある。自家源泉を所有している宿もあるし、共有源泉から引き湯をしている宿もある。源泉の数だけ泉質も異なり、浴槽の数だけ鮮度や湯温が違うのだ。

私にとって水上温泉と猿ヶ京温泉は、子どもの頃から幾度となく訪れている温泉地である。大人になって、雑誌の編集という仕事に携わってからも、たびたび取材で訪れている。それでも、すべての源泉に浸かったわけではなく、まして、すべての宿の浴槽に身を沈めてはいない。

今回、あらためて一軒一軒の宿を訪ねてみて、２つの温泉地は、つくづく知っているようで知らなかった温泉地であったことを思い知らされた。

経営者が変わっても受け継がれている宿、需要に追われて農家から民泊を始めた宿、先祖が掘り当てた源泉を守り続けている宿、民話や伝説の舞台となった宿、代々家族だけで細々と商っている宿、今でも湯治客を中心に受け入れている宿……。

やはりそこには、宿の数だけ温泉の物語があった。

２０１２年８月

小暮　淳

■プロフィル

小暮　淳（こぐれ　じゅん）

１９５８年、群馬県前橋市生まれ。フリーライター。

群馬県内の温泉地を中心に訪ね、新聞や雑誌にエッセーやコラムを執筆中。温泉のＰＲを兼ねて、セミナーや講演活動も積極的に行っている。

ＮＨＫ文化センター前橋教室の温泉講座「続探訪！ぐんまの小さな温泉」講師や群馬テレビ「ニュースジャスト６」のコメンテーターなど、テレビやラジオでも温泉の魅力を紹介している。

著書に『ぐんまの源泉一軒宿』『群馬の小さな温泉』『ぐんまの里山　てくてく歩き』『あなたにも教えたい　四万温泉』（以上、上毛新聞社）ほか多数。公式ブログ「小暮淳の源泉ひとりじめ」も日々更新中。

［協力］
一般社団法人 みなかみ町観光協会
社団法人 群馬県温泉協会
群馬県健康福祉部 薬務課

［企画・編集］
プロジェクトK

取材・文	小暮　淳
アートディレクション・写真	桑原　一
装丁・デザイン	栗原 俊文
表紙・グラビア写真	酒井　寛

みなかみ18湯［上］
2012年９月15日　初版第一刷発行

発　行　上毛新聞社事業局出版部
〒371-8666　群馬県前橋市古市町一丁目50-21
tel 027-254-9966

※価格はカバーに表示してあります。

みなかみ18湯［下］ 掲載予定温泉・宿一覧

■谷川温泉

旅館たにがわ
別邸 仙寿庵
金盛館せせらぎ
檜の宿 水上山荘
やど莞山
旅の湯やど ペンション・セルバン

■うのせ温泉

旅館 みやま
ゆの宿 上越館

■湯檜曽温泉

天空の湯 なかや旅館
旅館 永楽荘

■向山温泉

宮前山荘

■宝川温泉

宝川温泉汪泉閣

■湯ノ小屋温泉

秘湯の宿 龍洞
タヌキのお宿 洞元荘
ホテルサンバード
清流の宿 たむら
木造校舎の宿 葉留日野山荘
温泉と料理の宿 夢工房
ペンショントップス
ペンション オールド・ストリング
ロッヂ雪割草
民宿やぐら
温泉ロッヂ たかね

■上の原温泉

水上高原ホテル２００

■上牧温泉

温もりの宿 辰巳館
大峰館
旅籠 庄屋
ホテルニュー上牧
湯治と合宿 常生館

■奈女沢温泉

釈迦の霊泉

■月夜野温泉

みねの湯つきよの館

■真沢温泉

真沢の森

■法師温泉

法師温泉 長寿館

■川古温泉

川古温泉 浜屋旅館

■高原千葉村温泉

高原千葉村

■湯宿温泉

湯本館
ゆじゅく金田屋
太陽館
旅館みやま荘
大滝屋旅館
常盤屋旅館

■赤岩温泉

赤岩温泉 誠法館

群馬の温泉シリーズ　既刊のご案内

ぐんまの源泉一軒宿

小暮　淳著

「湯守」のいる源泉一軒宿。素朴でやさしさにあふれた自分だけの湯探し入門書。

Ａ5判　124Ｐ　オールカラー
定価1,000円（本体953円＋税）
ISBN978-4-86352-016-5

群馬の小さな温泉

小暮　淳著

一軒宿よりは規模の大きい温泉を取り上げた。県内の魅力的な18温泉と36軒の宿を紹介。

Ａ5判　124Ｐ　オールカラー
定価1,000円（本体953円＋税）
ISBN978-4-86352-033-2

あなたにも教えたい四万温泉

小暮　淳著

シリーズ第3弾。四万温泉すべての37軒の宿を網羅し、それぞれの宿の個性を明快に表現。

Ａ5判　120Ｐ　オールカラー
定価1,000円（本体953円＋税）
ISBN978-4-86352-052-3